말

덕이 되는 말
해가 되는 말

네비게이토 선교회는
국제적이며 복음적인 기독교 기관이다.
예수 그리스도께서는 자기를 따르는 자들에게
"너희는 가서 모든 족속으로 제자를 삼으라"
(마태복음 28:19)는 지상사명을 주셨다.
네비게이토 선교회는 세계 모든 국가에서
예수 그리스도의 일꾼들을 배가시켜
이 지상사명을 성취하는 일을 돕는 것을
근본 목표로 하고 있다.

네비게이토 출판사는
네비게이토 선교회의 문서 선교를 담당하고 있다.
본 출판사에서는 그리스도인의 영적 성장을 돕는
서적과 자료들을 출판하여,
그리스도인의 삶의 기초가 견고한
헌신된 제자로 성장하고,
나아가 성숙한 인격과 지도력을 갖춘
일꾼이 되도록 돕고 있다.

Translated by permission
Title originally published in English as
WORDS THAT HURT, WORDS THAT HEAL
by NavPress, a ministry of The Navigators.
Copyright © 1986 by The Navigators
Korean Copyright © 1988, 1995, 2006 by Korea NavPress

말
덕이 되는 말
해가 되는 말

캐롤 메이홀 지음

WORDS THAT HURT, WORDS THAT HEAL
Carole Mayhall

TO KNOW CHRIST AND TO MAKE HIM KNOWN

저자 소개

캐롤 메이홀 여사는 평생 동안 주님과 긴밀히 동행해 온 주님의 제자요, 전임 사역자의 아내요, 자녀를 선교사로 키운 어머니요, 여성들을 대상으로 일대일 제자 훈련을 해온 주님의 일꾼이요, 세계 곳곳의 수양회에서 말씀을 전하는 뛰어난 연사요, 많은 책을 저술한 작가이기도 합니다. 저자의 다른 저서들로는 다음과 같은 것들이 있습니다.

- 주여, 지혜를 가르치소서(1984)
- 한 여인이 걸어온 제자의 길(1986)
- 사랑 그 이상의 결혼(1987)
- 잠잠하라 고요하라(1988)
- 차고 넘치는 삶(1988)
- 주여, 이 아픔을(1990)
- 우리 부부는 너무 달라요(1993)
- 하나님의 속삭임(1996)
- 주님과 동행하는 기쁨(2000)
- 늘 새롭게 하시는 주님(2001)

머리말

　말에 대한 성경의 가르침을 받기 원하지 않는 사람들은 이 책을 읽을 필요가 없습니다. 이 책에서 이야기하고자 하는 바가 바로 혀를 어떻게 사용해야 하는가에 관한 것이기 때문입니다. 혀라는 것 자체가 길들이기 어려운 것이기 때문에 혀의 사용이라고 하는 주제에 대해서 이야기하기란 결코 쉬운 문제는 아니지만, 그래도 할 수 있는 데까지는 다 파헤쳐 보려고 노력했습니다. "우리가 말을 순종케 하려고 그 입에 재갈 먹여 온 몸을 어거"(야고보서 3:3)하는데, 우리도 바로 이 혀를 재갈 먹임으로써 우리 몸을 제어할 수 있다고 성경은 말합니다.

　이처럼 혀는 작은 지체로서 큰 것을 자랑합니다(야고보서 3:5). 하나님께서는 이 혀에 대해서 많은 말씀을 해주고 계시는데, 그 가운데는 어떻게 하라고 하는 말씀도 많지만 어떻게 하지 말라고 하는 말씀도 많습니다.

　혀에 대해서 함께 공부해 나갈 때 성령께서 우리 모두에게 무엇을, 어떻게, 언제 말하며, 또 어느 때 말하지 말아야 하는지에 대해서 올바른 확신을 주셔서 우리의 혀가 하나님께 영광을 돌리는 일에 사용될 수 있기를 기도합니다.

차 례

머리말 5
전제 요건 : 헌신이 선행되어야 함 9

1. 샘인가, 재잘거리는 개울인가? 19

2. "나 어때? 대단하지 않아?"
   자랑에 대하여 33

3. "이건 말도 안 돼!"
   불평에 대하여 43

4. "생각할 것도 없어!"
   함부로 내뱉는 말에 대하여 53

5. "아하!"
   비방과 한담에 대하여 61

덕이 되는 말, 해가 되는 말

6. "그거 약 올리는데!"
   분노와 다툼에 대하여 73

7. "주님, 나로 생각하게 도우소서!"
   사려 깊음에 대하여 87

8. "어떻게 그렇게 이야기할 수 있죠?"
   책망을 주고받는 것에 대하여 99

9. "신경질 나게 왜 그래?"
   온유함에 대하여 113

10. 찬미의 제사 123

"의인의 혀는 천은(天銀) 같거니와
악인의 마음은 가치가 적으니라." 잠언 10:20

전제 요건

헌신이 선행되어야 함

600명의 여자들이 마치 벌떼처럼 강당 안으로 밀려들어와 자리를 잡기 시작했습니다. 웅웅거리던 장내의 소란도 점차 가라앉아 모두들 조용한 가운데 다음 순서가 시작되기를 기다리고 있었습니다.

데니스 씨는 뛰어난 연사였습니다. 그는 중동 지역에 성경을 배포하면서 일어났던 일들에 대한 이야기로 우리에게 큰 감명과 도전을 주었습니다. 그가 들려준 이야기는 나에게 참으로 큰 감동을 주었습니다.

최근에 그는 중동에 있는 한 교회를 방문해 예배를 드린 적이 있는데, 마침 한 작은 할머니의 옆 자리에 앉게 되었습니다. 그런데 할머니의 손을 보니 찬송가도 쥘 수 없을 정도로 앙상하게 말라 있었습니다. 예배가 끝난 후, 그는 할머니에게 몸을 돌려 물었습니다.

"성경책이 없습니까?"

"예, 없어요." 작은 소리로 할머니가 대답했습니다.

"한 권 가지길 원하세요?" 그가 물었습니다.

"그럼요. 그렇고 말고요." 할머니의 얼굴이 밝아졌습니다.

"제가 있는 호텔까지 함께 가시면 한 권 드리지요." 그가 제안했습니다.

호텔까지 함께 걸어가는 동안, 그가 손에 대해서 묻자 할머니는 다음과 같은 이야기를 들려주었습니다.

"군인들이 성경, 찬송가, 기독교 서적들을 찾아서 온 동네를 누비고 있었어요. 그들이 우리 집 앞까지 왔을 때, 나는 불이 꺼진 난로의 잿더미 속에 성경을 파묻었어요. 하지만 그들은 거기까지도 다 들춰서 찾아내고 말았어요. 그들이 성경을 가지고 나가려고 하자 나는 그것을 빼앗아 움켜 안으며 말했지요. '제발 이것만은 빼앗아 가지 마십시오. 내게 예수님에 대해서 말해 주고 있는 것이라고는 이것밖에 없습니다.'"

"군인들이 이렇게 소리치더군요. '이건 동화책에 지나지 않아, 이 노파야. 빨리 이리 내놔!'"

"그래서 나는 다시 울부짖으며 말했지요. '제발 빼앗지 말아 주십시오. 내게 예수님에 대해서 말해 주고 있는 것이라고는 이것밖에 없단 말입니다.'"

그들은 할머니를 밖으로 끌고 나가 옷을 벗겨 모든 사람들이 볼 수 있도록 높은 연단 위에 올려놓고 모욕을 주었습니다. 할머니는 4시간 동안이나 성경을 가슴에 꼭 끌어안고 고개를 숙인 채 거기에 쪼그리고 앉아 있어야 했습니다. 사람들은 할머니에게 침을 뱉으며 조롱했습니다. 그들은 할머니가 부끄러워 그러고 있는 줄로 생각했지만, 할머니는 기도를 하고 있었습니다.

할머니는 이야기를 계속했습니다. "4시간 후 그들은 다시 내게서 성경을 빼앗아 가려고 했지만, 나는 그 성경을 빼앗기지 않으려고 필사적으로 버텼습니다. '제발 빼앗아 가지 마십시오. 내게 예수님에 대해서 이야기해 주고 있는 것이라고는 이것밖에 없단 말예요.'"

그들은 화가 머리 꼭대기까지 치밀어 올라 할머니를 땅바닥에 내팽개치고 두 손을 꼼짝 못하게 묶어 팔을 머리 위로 뻗쳐 올린 다음 망치로 할머니의 두 손을 짓이겨 앙상한 뼈만 남겨 놓았습니다. 지금까지도 할머니는 자기 손으로 식사를 하지 못하고 있습니다.

이 이야기를 들으면서 나는 큰 감동을 받았습니다. 데니스 씨는 그처럼 위험한 지역에서 하나님의 말씀을 전하는 일에 헌신이 되어 있었습니다. 또 그 할머니는 예수님과 그분의 말씀에 온전히 헌신이 되어 있었습니다.

다음날 아침에는 성경 번역 선교회에서 일하고 있는 베버리라고 하는 한 아름다운 여인이 우리에게 간증을 들려주었습니다. 그녀는 캔자스에 사는 한 평범한 주부였는데, 어느 날 저녁 교회에서 열린 선교 수양회에서 도전을 받고 주님의 일에 헌신하기로 결단했다는 것입니다. 그녀와 남편, 그들의 세 자녀는 연단 앞으로 나가, "주님, 주님의 뜻이라면 언제나, 어디서나, 무엇이나 하겠습니다"라고 서원했습니다.

2년 후 그녀는 파푸아뉴기니로 떠나게 되었습니다. 그들 가족이 거주할 곳은 타르 종이로 지붕을 인 오두막이었습니다. 벽과 지붕 사이가 휑하게 뚫려 있어 뱀 같은 것이 쉽게 들어올 수 있었습니다. 그녀는 집 안을 둘러보며 중얼거렸습니다. "오, 주님, 이렇게까지 되리라고는 생각하지 않았는데요."

두 주가 지나도록 그녀의 눈에서는 눈물이 가시지 않았습니다. 그러자 남편은 그녀에게 다시 돌아가기를 원하느냐고 물었습니다. 그녀는 그렇다고 대답했지만, 주님의 크신 사랑은 그녀로 하여금 다시금 "주님의 뜻이라면 언제나, 어디서나, 무엇이나 하겠습니다"라고 말하지 않을 수 없게 만들었습니다. 그들 부부는 수많은 사람들이 어두움에서 하나님의 빛으로 나아오는 것을 보는 축복을 누릴 수 있었습니다.

7년 후 그녀는 아들을 미국에 있는 대학에 보내기 위해 하나밖에 없는 그 아들과 헤어져야 했습니다. 잘 가라고 손을 흔들면서 그녀의 마음은 이렇게 소리치고 있었습니다. "오, 주님, 이런 걸 원하지는 않았는데요." 그러나 다시금 갈등을 이기고 그녀는 지구 반 바퀴나 되는 거리에 떨어져 있는 아들을 주 하나님께 의탁할 수 있었습니다.

이태 후 그들은 노스캐롤라이나로 전속되어 그들 가족은 다시 함께 살 수 있게 되었습니다. 남편은 그곳 선교회 지부의 일을 도우며, 아들은 선교회의 프로그램을 수행하는 데 일익을 담당하기로 되어 있었습니다.

어느 날 밤, 그녀는 끈질기게 울려 대는 전화벨 소리에 잠을 깨 수화기를 들었습니다. 병원에서 온 전화였습니다. "빨리 와보십시오. 자동차 사고로 당신의 아들이 병원에 와 있습니다." 그녀는 남편과 함께 정신없이 병원으로 달려갔습니다. 의사는 착 가라앉은 목소리로 말했습니다. "동승했던 다른 사람은 살 것 같지만, 댁의 아들은 아무래도 가망이 없습니다."

오래 전 세 자녀를 데리고 연단 앞으로 걸어 나가, "주님의 뜻이라면 언제나, 어디서나, 무엇이나 하겠습니다"라고 헌신하던 순간이 그녀의 머릿속을 스쳐 지나갔습니다. 사탄의 조소하는 소리도 들려 왔습니다. "거 봐라! 모든 것을 다 하나님께 드린다고 하더니 꼴좋다." 그녀의 가슴은 고통으로 미어질 것만 같았습니다. "오, 주님, 이런 것을 원했던 것은 아닌데요."

그때 하나님의 조용한 음성이 들려왔습니다. "베버리야, 나는 하나밖에 없는 아들을 네게 주었거늘 너는 네 아들을 내게 내줄 수 없단 말이냐?" 그래서 그녀는 또다시 마음을 새롭게 다질 수 있었습니다. "주님의 뜻이라면 언제나, 어디서나, 무엇이나 하겠습니다."

간증을 하는 그녀의 얼굴에서는 안으로부터 발산되어 나오는 빛을 느낄 수 있었습니다. 그녀는 하나님을 찬양하는 아름다운 찬송으로 간증을 마쳤습니다.

나는 살그머니 자리를 빠져나와 내 방으로 돌아와서 눈물을 흘리며 하나님께 기도했습니다. 나는 두 손을 쓸 수 없게 된 그 할머니를 생각하며 눈물을 흘렸습니다. 또 베버리가 당했던 고통과 슬픔을 생각하며 울었습니다. 그러나 내가 울었던 것은 또한 나 자신 때문이기도 했습니다. 다음에 연단에 서서 말씀을 전해야 할 사람은 바로 나였기 때문입니다.

나는 기도했습니다. "주님, 도대체 저는 어떻게 하면 좋습니까? 데니스와 베버리, 그리고 그 할머니 모두 특별한 사람들이며 또 특별한 경험을 했던 사람들입니다. 주님께 온전히 헌신된 그들의 모습은 얼굴과 삶에 잘 나타나 있습니다. 그런데 저는 어떻습니까? 저는 오두막에 살아 본 적도 또 미개인들을 가르쳐 본 적도 없습니다. 주님의 말씀을 사랑하기 때문에 핍박을 받아 본 적도 없습니다. 주님, 다음에는 제가 말씀을 전하기로 되어 있습니다. 저는 너무나 평범해서 그런 자리에 설 만한 자격이 없는 사람입니다."

주님께서는 내 마음에 분명하게 말씀해 주셨습니다. "그래, 맞다. 너는 바로 그런 사람이다."

그렇습니다. 나는 평범한 사람입니다. 그러나 우리 평범한 사람들도 하나님께 온전히 헌신하면 특별한 사람이 될 수 있습니다. 하나님께서는 내게도 이러한 헌신을 요구하고 계셨습니다. "주님의 뜻이라면 언제나, 어디서나, 무엇이나 하겠습니다." 정글에 있는 오두막에 사느냐 콜로라도의 주택가에 사느냐, 또 미개인들에게 복음을 전하느냐 이웃집에 사는 사람에게 복음을 전하느냐 하는 것과 육체적인 고통을 당하느냐 당하지 않느냐 하는 것이 문제가 아닙니다. 중요한 것은 전적으로 주님께 헌신된 마음으로 언제나, 어디서나, 어떤 일에 있어서나 기꺼이 주님의 뜻을 따르고자 하는 태도입니다.

많은 사람들이 단지 기독교라는 종교에 발을 들여놓는 정도로 만족하며 전적으로 헌신하기를 꺼립니다. 그러나 하나님께서는 전적인 헌신을 원하십니다. 하나님께서는 우리의 전심을 원하시며 우리가 제자로서 치러야 하는 값을 기꺼이 치르기를 원하십니다.

우리의 삶의 목표는 하나님을 아는 것입니다. 사도 바울은 노년에 이르러서도 여전히 더욱더 큰 열망을 가지고 이 목표를 이루기 원했습니다.

> 내가 그리스도와 그 부활의 권능과 그 고난에 참예함을 알려 하여 그의 죽으심을 본받아. (빌립보서 3:10)

바울은 첫째로 그리스도를 알기를 간절히 원했습니다. 세월이 갈수록 주님과 더 깊고 더 친밀한 사이가 되기를 원했습니다. 측량할 수 없이 놀랍고 놀라우신 주님 자신을 더 확실하고 더 분명하게 알기를 원했습니다.

또한, 그리스도의 부활의 권능을 알기를 원했습니다. 부활하사 영원히 살아 계시며 우리의 삶 가운데서 역사하시는 그리스도의 능력을 그의 개인적 삶 가운데서 구체적으로 경험하기를 원했습니다.

그리고 그리스도의 고난에 참예함을 알기 원했습니다. 이를 위해 그는 주님의 고난에 동참하되 주님의 죽으심까지 본받기를 원했고, 그리하여 주님과 함께 고난을 당하고 주님과 함께 죽는다는 것이 무엇을 의미하는가를 알기 원했습니다. 그는 일생 동안 끊임없이 주님의 형상으로 변화되기를 원했습니다.

이것은 온몸과 마음을 다하여 하나님과 하나님의 말씀에 헌신하는 것을 뜻합니다. 그리스도인의 삶은 한 번의 큰 결단과 수많은 작은 결정들로 되어 있다고들 합니다. 한 번의 큰 결단이란 그리스도를 우리의 구주로 영접하는 것을 말하며, 작은 결정들이란 살아가면서 하루에도 수없이 그리스도의 주님 되심을 인정해야 하는 것을 뜻합니다. 우리들도 베버리와 같이 "주님의 뜻이라면 언제나, 어디서나, 무엇이나 하겠습니다"라고 헌신할 때, 언젠가는 그 헌신이 시험을 받게 될 날이 온다는 것을 알고 여기에 대비하는 것이 필요합니다.

그러면 어디서부터 시작해야 할까요?

로마서 12:1-2을 암송하는 것으로부터 시작할 수 있습니다.

그러므로 형제들아, 내가 하나님의 모든 자비하심으로 너희를 권하노니, 너희 몸을 하나님이 기뻐하시는 거룩한 산제사로 드리라. 이는 너희의 드릴 영적 예배니라. 너희는 이 세대를 본받지 말고 오직 마음을 새롭게 함으로 변화를 받아, 하나님의 선하시고 기뻐하시고 온전하신 뜻이 무엇인지 분별하도록 하라.

우리는 우리의 몸을 '산제사'로 하나님께 드려야 합니다. 우리에게 베푸신 하나님의 자비와 사랑이 무궁하시며 또 우리를 향하신 하나님의 뜻이 선하시므로 우리를 온전케 하실 것이기 때문입니다.

우리를 산제사로 드리지 못하게 하는 것들이 무엇입니까? 그것은 아마도 우리가 별로 대수롭게 생각하지 않고 있는 것들로, TV를 너무 많이 본다거나 귀중한 시간을 허비한다든가 하는 사소한 문제들일 것입니다. 또는 매일 하나님과 교제하는 시간을 지속적으로 갖지 않는다든가, 성경을 깊이 탐구하기 위한 시간을 내지 않는 것도 우리를 산제사로 드리지 못하게 하는 요소가 됩니다. 우리의 노력을 통하여 얻을 수 있다고 생각하고 필요한 지혜를 하나님께 구하지 아니하는 것도 우리를 산제사로 드리지 못하게 하는 것이 될 수 있습니다.

또한 우리의 입에서 나오는 것들이 우리를 산제사로 드리는 것을 방해할 수 있습니다. 특별히 이 면에서 우리의 삶은 성령의 통치를 받아야 할 영역이 참으로 많습니다.

내가 말씀을 전하던 중간에 휴식 시간이 있었는데, 그때 나는 다음과 같은 메모를 건네받았습니다. "험담 및 그리스도의 몸을 세우는 것과 관련된 혀의 사용에 대해서 좀 말씀해 주시면 고맙겠습니다. 성숙한 그리스도인이라고 자처하는 사람들이 모인 이곳에서조차 오가는 말을 듣고 나는 너무나 놀랐습니다. 이곳에 모인 대부분의 사람들이 나보다는 더 성숙한 사람들일 거라고 생각했는데, 나는 이들에 대해 실망했다고 말할 수밖에 없습니다. 나는 이들을 통해 많은 것을 배우기를 기대하고 이곳에 왔습니다."

이것을 읽고 나자 얼굴이 찌푸려지며 내 영혼에는 어두운 그늘이 덮였습니다. 성숙한 그리스도인이라고 하는 사람들이 어쩌면 그렇게 앞뒤 살피지 않고 되는대로 이야기하는지 놀라움을 금할 수 없습니다. 그리스도를 믿은 지 10년, 20년이 되었건만 우리는 여전히 혀로 죄를 짓고 다니며, 이로 말미암아 성령을 슬프게 해드린다는 사실에는 조금도 신경을 쓰지 않고 있습니다. 성령의 음성은 이미 오래 전에 우리의 습관적인 무관심과 무반응에 묻혀 소멸되고 말았습니다.

그러나 혀를 성령의 통치에 굴복시킬 때 참으로 놀라운 결과를 얻을 수 있습니다.

첫째는 다른 사람들을 위로해 줄 수 있습니다. 우리 주위에는 상하고 지친 심령들이 많이 있습니다. 그들의 마음은 무거운 짐과 상처로 짓눌려 있습니다. 잠언 12:25에서는 이렇게 이야기하고 있습니다. "근심이 사람의 마음에 있으면 그것으로 번뇌케 하나 선한 말은 그것을 즐겁게 하느니라."

두 번째 결과는 사람들이 하나님을 알게 됩니다. 이것은 보장된 약속입니다. 다윗 왕은 이렇게 말했습니다. "새 노래, 곧 우리 하나님께 올릴 찬송을 내 입에 두셨으니, 많은 사람이 보고 두려워하여 여호와를 의지하리로다"(시편 40:3). 우리의 찬양은 하나님을 기쁘시게 하며 하나님께 열납될 것입니다.

세 번째 얻을 수 있는 결과는 하나님이 기뻐하시는 제사를 드리게 됩니다. 그렇습니다. 놀랄지 모르겠지만, 우리의 말은 하나님께 드리는 제사가 될 수 있습니다. "이러므로 우리가 예수로 말미암아 항상 찬미의 제사를 하나님께 드리자. 이는 그 이름을 증거하는 입술의 열매니라. 오직 선을 행함과 서로 나눠 주기를 잊지 말라. 이 같은 제사는 하나님이 기뻐하시느니라"(히브리서 13:15-16).

이 구절에서 이야기하고자 하는 요점을 이해하겠습니까? 우리 입술의 열매인 찬양은 다른 사람들에게 복음을 전하고 선을 행하는 것과 동등한 가치를 가진다는 것입니다. 이 같은 제사를 하나님은 기뻐하십니다. 나는 종종 다음과 같은 기도를 드리곤 합니다. "나의 반석이시요, 나의 구속자이신 여호와여, 내 입의 말과 마음의 묵상이 주의 앞에 열납되기를 원하나이다"(시편 19:14).

하나님께서는 '의인의 입'에 대해서 많이 말씀하십니다. 이제 성경은 우리의 혀에 대해서 무엇을, 왜 이야기하고 있는지 자세히 살펴보도록 하겠습니다. 그러기에 앞서 우리는 자신의 마음을 잘 살펴보며, 그 마음을 새롭게 해주셔서 하나님의 세미한 음성에 바짝 귀를 기울여 들을 수 있게 해달라고 기도해야 합니다. 지금까지는 이것을 무시하고 소홀히 해왔다면, 지금부터라도 마음을 활짝 열고 배우며, 진지하게 기도할 필요가 있습니다. "주님, 의인의 입을 갖는다는 것이 무엇을 의미하는지 가르쳐 주십시오. 또 그것이 자신을 온전히 헌신하는 것과는 어떻게 연관되는지 가르쳐 주십시오. 제 입에서 나오는 모든 말들이 저의 사는 날 동안 계속해서 주님을 영화롭게 해드리기를 원합니다."

1. 샘인가, 재잘거리는 개울인가?

그 젊은이는 신나는 일이라도 있었다는 듯한 얼굴로 들어왔습니다. 아무래도 믿기지 않는다는 듯이 그는 고개를 가로저으며 말했습니다. "이곳에서 일하기 시작한 이래 봅과 자리를 같이했던 시간으로 치자면 20분도 채 되지 않을 겁니다. 어쩌다가 아침 출근길에 그가 나를 자기 차에 태워 주곤 하는데, 그래 봐야 고작 2, 3분이니까요. 하지만 그 시간은 나에게 놀랍기 그지없는 축복의 시간이 됩니다. 그는 내가 필요로 하는 것들을 그때그때 적절하게 말해 주기 때문입니다." 그는 가볍게 휘파람을 불며 그의 자리로 갔습니다.

나는 속으로 생각했습니다. '아니 그럴 수가? 겨우 2, 3분 동안에, 그것도 미리 계획하지도 않고 그렇게 할 수가 있단 말인가?' 하여튼 봅의 말은 그에게 생명의 샘이었습니다. 잠언 10:11 말씀이 떠올랐습니다. "의인의 입은 생명의 샘이라."

절로 한숨이 나왔습니다. 나의 말은 생명의 샘이라기보다는 재잘거리는 개울에 더 가깝지 않나 하는 생각이 들었기 때문입니다. 때때로 나는 아무 생각 없이 지껄이곤 합니다. 그러나 그 젊은이의 말을 듣고 나서부터는 늘 이런 기도를 하곤 합니다. "주님, 오늘 나의 입이 생명의 샘이 되게 해주옵소서."

개울은 얕은 물줄기를 이루며 돌 위를 이리 부딪치고 저리 부딪치면서 어지럽게 흘러갑니다. 그러나 샘은 깊은 수원으로부터 조용하게 흘러나옵니다.

잠깐 눈을 감고 생각해 보십시오. 성경공부 시간이나 교제 시간이 아닌 일상생활 중에 다른 그리스도인들과 최근에 나누었던 대화를 세 가지만 생각해 보십시오. 여기에서 대화라 함은 인사와 같은 의례적인 말이 아니고, 마음을 나누는 의미 있는 의사소통을 의미합니다. 당신이 나눈 그 대화의 내용들은 무엇입니까?

어떤 사람들은 만나면서부터, 나는 그들과의 대화가 어떤 방향으로 흘러갈 것이라는 것을 금세 알 수 있습니다. 이런 사람들과의 대화에서는 아무리 애를 써도 돈, 건강, 일, 자녀, 이웃, 남편 등에 대한 화제의 소용돌이를 벗어나지 못하고 그 가장자리를 끝없이 맴도는 것을 경험합니다.

다른 사람들과의 경우에도 더 나을 것은 없습니다. 소용돌이는 없는데, 그 대신 이번에는 호수 위에 가랑잎이 떠도는 것처럼 변죽만 울리다가 정처 없이 표류하고 맙니다.

최근에 우리 부부는 오랫동안 보지 못한 친구들과 4시간을 함께 보낸 적이 있습니다. 나는 그들의 삶 가운데서 어떤 일들이 일어났는지에 대해서 알고 싶어 했지만, 생각대로 되지 않았습니다. 그래서 우리는 정성 들여 준비한 식사를 하고 즐거운 이야기를 나눈 후 헤어질 때는 의례적으로 정중한 인사를 나눴지만, 마음은 편치 않았습니다. 그들과의 시간이 마음을 나누지 못한 피상적인 교제였기 때문입니다. 그들이 이런 식의 교제를 원했기 때문에 달리 어떻게 할 수도 없었습니다.

그러나 내게는 마음을 나눌 수 있는 친구들이 있습니다. 우리는 모이는 대로 곧 하나님께서 우리의 삶 가운데서 행하신 일이나 우리의 당면한 문제를 해결해 주신 일 등, 우리의 마음을 새롭게 해주고 도전해 주는 깊이 있는 대화의 샘 속으로 빠져 듭니다.

그들과 함께하는 기쁨이 얼마나 큰지 모릅니다. 나는 그들과 함께하는 시간을 무척이나 기다립니다. 그 친구들은 내게 있어서 '생명의 샘' 같은 존재들입니다. 그들은 나의 영혼을 소생시켜 주며, 나의 생각을 자극해 주고, 하나님을 영화롭게 해드립니다.

이러한 차이는 바로 마음에서부터 비롯됩니다. 성경은 우리에게 "마음에 가득한 것을 입으로 말한다"(마태복음 12:34)고 이야기합니다. 우리의 생각이 이 세상에 있는 것들에 가 있을 때, 우리 화제의 중심도 그런 것들일 수밖에 없습니다. 다시 말해, 우리의 생각이 어떤 문제나, 의복, 직업, 기타 세상사에 가 있으면, 우리가 이야기하는 내용도 그런 것들에 관한 것이라는 것입니다. 하나님 안에 깊이 거하는 삶을 살고 있을 때 우리는 다른 사람들에게 생명의 샘이 될 수 있습니다.

그렇다고 오해하지는 마시기 바랍니다. 농담이나 가벼운 이야기들은 전혀 하지 말라는 것은 아닙니다. 우리는 물론 뉴스나 운동 경기, 음식, 취미 등에 대한 이야기를 함께 나눌 수 있습니다. 그러나 이것이 우리가 이야기하는 내용의 전부일 때 바로 그것이 문제인 것입니다.

잠언 10:20 말씀이 종종 나를 뜨끔하게 합니다. "의인의 혀는 천은(天銀)과 같거니와 악인의 마음은 가치가 적으니라." 나의 말은 귀 기울일 만한 가치가 있는 것인가, 아니면 한 푼의 가치도 없는 것인가?

  하나님께서는 우리의 말을 들을 만한 가치가 있는 것이 되게 하기 위해서는 "서로 주님에 대해서 많이 이야기하라"고 하시며 그렇게 할 수 있기 위한 구체적인 방법들을 제시해 주십니다. "시와 찬미와 신령한 노래들로 서로 화답하며 너희의 마음으로 주께 노래하며 찬송하며"(에베소서 5:19). 나는 그렇게 하기를 즐깁니다. "시편을 함께 암송해 보자"라든가, "얼마 전에 배운 찬송을 한번 해보겠다"라고 당신이 먼저 제의했거나, 또는 다른 사람이 당신에게 그렇게 제의한 적이 있습니까? 이처럼 우리는 마음으로 주님께 노래하며 찬송할 수 있는 방법들을 찾아볼 수 있습니다.

  그러나 언제, 무엇을, 어떻게, 왜라는 질문이 생깁니다.

  우리가 하나님 안에 깊이 거하는 삶을 살면, 그로부터 넘쳐 나는 은혜가 지속적으로 우리의 대화를 흠뻑 적신다고 나는 확신합니다.

  남편과 내게는 어려웠던 시절이 있었습니다. 남편의 유동적인 직장 관계로 우리의 장래는 막막했습니다. 그런 중에서도 하나님께서는 우리의 마음을 평안과 기쁨으로 지켜 주셨지만, 때로는 실망이 되는 적도 있었습니다.

  특별히 마음이 무거웠던 어느 날 아침, 2층으로 올라가고 있던 나는 위에서 내려오고 있던 남편과 마주치게 되었습니다. 몸을 비켜 그냥 지나치려고 하다가 그날 아침 하나님께서 내게 말씀해 주신 것들을 이야기했습니다. 그러자 남편도 이렇게 말하는 것이었습니다. "하나님께서는 나의 마음을 시편 62:5 말씀으로 인도해 주셨소. 그 말씀은 나의 기대를 온전히 하나님께만 두라는 이야기요. 하나님께서는 나에게 우리가 처한 어려운 상황을 타개하는 데 사람의 도움을 기대하지 말라고 말씀하시는 것 같소. 하나님께서 해결해 주실 터이니 하나님만을 바라보라는 말씀이오."

 남편이 계단에 걸터앉자 나도 그보다 한 계단 아래 쪼그리고 앉아서 5분간을 그렇게 이야기했습니다. 다시 힘을 얻게 되었느냐고요? 그렇고 말고요. 그 대화는 하나님과 동행하는 남편의 삶에 흘러넘친 은혜의 산물이었습니다.

 우리는 어떻게 귀 기울일 만한 가치가 있는 말을 하는 사람들이 될 수 있습니까?

 우리가 하나님으로 충만한 삶을 살 때 가능합니다. 이것은 말하기는 쉽지만, 실제로 그렇게 살기는 어렵습니다. 그리고 물론 하나님을 떠나서는 불가능합니다. 하나님은 우리를 떠나 멀리 계시는 분이 아닙니다. 하나님께서는 바로 당신 안에 거하기를 원하시며, 그것도 결정적이고 핵심적인 자리를 차지하기를 원하십니다.

 남편 잭은 열두 살 되던 해에 그리스도를 영접했는데, 그것은 목사의 아들과 한바탕 싸우고 난 뒤에 있었던 일입니다. 두 소년이 목사관 뜰에서 흙먼지를 일으키며 뒹굴며 주먹질을 하고 있을 때였습니다. 갑자기 잭의 귀에 엄한 소리가 들려 왔습니다. "그만해! 잭, 이리 들어오너라." 잭은 목사님의 서재로 들어가면서, '맙소사, 이젠 일 났구나' 하고 생각했습니다.

 그러나 그 목사님은 잭에게 호통을 치는 게 아니라, "잭, 너 예수님을 영접한 적이 있느냐?" 하고 물었습니다.

 잭은 다섯 살 때부터 매주 교회에 나가 예배를 드렸지만 지금까지 그런 질문을 받기는 처음이었습니다. 그는 자신이 하나님의 의의 수준을 따라 살지 못했고 또 살 수도 없다는 것을 알았습니다. (목사의 아들과 싸움을 하던 현장에서 붙들린 처지에 이에 대해서 무슨 더 할 말이 있겠습니까?) 잭은 예수님께서 죄가 없으시지만 세상 사람들의 죄를 대신해서 잔인한 십자가의 형벌을 받으셨다는 것을 이전부터 들어 왔습니다. 잘못도 없으신 분이, 죄 때문에 하나님으로부터 분리되고 또 죽어 마땅한 죄인들의 대속물이 되셨던 것입니다. 잭은 예수님께서 우리를 사랑하셔서 십자가에서 돌아가셨으며, 예수님을 통해서만이 우리가 죄를 용서받고 이 땅에서는 물론 하늘에서도 영원히 하나님과 함께할 수 있다는 것도 알고 있었습니다.

그렇습니다. 잭은 이 모든 사실을 다 알고 있었습니다. 단지 그 진리에 대한 응답으로 분명한 결단을 한 적이 없었을 뿐이었습니다. 그는 목사님에게, "아니요, 한 번도 없습니다"라고 대답했습니다. 그러자 그 목사님은 영접하겠느냐고 물었습니다. 그가 "예"라고 대답해, 두 사람은 무릎을 꿇고 기도했습니다. 잭은 낡은 가죽 의자에 얼굴을 묻고, 주 예수 그리스도께서 그의 마음에 구주로 들어와 주시기를 요청했습니다. 그날 잭은 하나님의 아들이 되었습니다. 그의 이름이 생명책에 기록되었습니다. 그는 그리스도의 사람이 되었습니다.

하나님으로 충만한 삶을 살기 위해서는 무엇보다도 먼저 예수 그리스도를 삶 가운데 모셔 들여야 합니다. 어떤 사람들은 예수 그리스도를 모셔 들인 다음에는 한쪽 구석에다 가만히 모셔 둡니다. 그러나 우리의 혀가 하나님의 통치를 받게 하려면 우리 자신이 하나님의 통치를 받는 삶을 살지 않으면 안 됩니다. 우리가 하나님으로 충만하도록 해야만 합니다.

귀 기울일 만한 말을 하는 사람이 되는 방법은 우리의 삶이 하나님으로 충만해지는 것입니다.

그리고 귀 기울일 만한 말을 하는 사람이 되어야 하는 이유는, 우리는 하나님의 소유로서 하나님을 드러내는 삶을 살아야 하기 때문입니다.

<u>언제, 어느 때</u> 그런 사람이 되어야 합니까? 어느 일정 기간 동안만이 아니라, 살아가는 동안 계속해서 그리해야 합니다.

우리는 <u>무엇을</u> 이야기해야 합니까? 물론 주님에 관한 이야기를 해야 하며 그 밖에 성경에 나온 것들로는 다음과 같은 것들이 있습니다.

<u>찬양</u>. "나의 혀가 주의 의를 말하며 종일토록 주를 찬송하리이다" (시편 35:28). 우리가 일주일 동안 한 말을 모두 컴퓨터에 입력시켜 하루 평균 얼마만큼이나 찬양의 말을 하는지 분석해 보면 어떻게 되겠습니까? 종일은커녕 2분이나 채 될지 모르겠습니다.

내가 아는 한 친구의 사위는 암벽 등반을 하다가 15미터 낭떠러지 아래로 추락했습니다. 머리부터 떨어졌기 때문에 부분적으로 시력과 기억력을 잃어버렸고, 복합적인 수술을 받아야 했으며, 회복하는 데 수개월이 걸렸습니다. 그런데 내 친구는 이렇게 말하는 것이었습니다. "그가 완전 불구가 되지 않은 것에 대해 우리는 하나님을 찬양해. 그는 걸을 수가 있고 또 한쪽 눈으로는 앞을 볼 수 있거든." 우리들 같으면 대부분 부정적인 문제들만을 나열했을 것입니다. 그러나 그 친구는 긍정적인 요소들을 찾아 하나님께 감사했습니다.

주님께 대한 찬양으로 하루를 시작하는 것은 우리의 생각과 말이 찬양으로 가득한 하루가 되도록 도와줍니다. 그러나 통화를 하면서라든가 커피를 들며 가벼운 이야기를 나눌 때 보면, 우리들이 나누는 이야기는 주로 우리의 삶 가운데 있는 문제들이지 하나님께서 베풀어 주신 은혜나 축복들이 아닙니다.

하나님의 말씀. "오늘날 내가 네게 명하는 이 말씀을 너는 마음에 새기고, 네 자녀에게 부지런히 가르치며, 집에 앉았을 때에든지 길에 행할 때에든지, 누웠을 때에든지 일어날 때에든지, 이 말씀을 강론할 것이며"(신명기 6:6-7).

나는 얼마 전에 어떤 사람과 점심 식사를 같이한 적이 있는데, 그 사람은 이곳 콜로라도스프링스에 온 지가 얼마 되지 않은 사람이었습니다. 그녀가 놀라운 인격의 소유자라는 것은 곧 드러났습니다. 하나님께서 우리의 삶 가운데 가르쳐 주고 계시는 교훈들에 대해서 함께 나누면서, 나는 그녀에게 나에게 일어났던 몇몇 이해가 잘되지 않는 일들에 대해서 이야기했습니다. 그녀는 내 이야기를 귀 기울여 듣고 나서는 조심스럽게 말하는 것이었습니다. "얼마 전까지만 해도 저도 이런 식으로 생각한 적이 많았답니다. '좋아, 만일 하나님께서 그들에게 동생의 결혼식에 가는 데 필요한 돈을 공급해 주시지 않으면 내가 주도록 해야겠다.' 그런데 갑자기 저는 스스로 하나님보다 더 자비롭다고 생각하고 있음을 깨닫게 되었습니다. '내가 하나님이라면 더 잘할 수 있을 텐데'라는 생각이었습니다."

그녀는 신명기 32:4 말씀을 주목하게 했습니다. "그는 반석이시니 그 공덕이 완전하고, 그 모든 길이 공평하며, 진실무망하신 하나님이시니 공의로우시고 정직하시도다."

이 구절을 거듭 읽을 때 하나님께서 내게 깨닫게 해주시는 것이 있었습니다. 나는 그 구절을 이런 식으로 이해하고 있었던 것입니다. "대부분의 경우 그는 반석이 되시며, 그의 공덕은 대개 완전하고, 많은 경우 그의 길은 공평하시다. 하나님은 그가 관계하시는 일에는 잘못이 없는 진실하신 분이시며, 공의로우시고 정직하시다."

그것은 잘못된 생각이었습니다. 하나님은 언제나 반석이 되시며,

언제나 통치하고 계시며, 언제나 진실하시고 관여하시고 공의로우시고 정직하시며 완전하십니다.

그날 오후 그녀는 말씀을 통해, 하나님께서 내게 가르쳐 주고자 하시는 교훈의 정곡을 찔러 주었습니다. 그녀는 하나님의 말씀으로 내게 큰 격려를 주었습니다.

격려와 위로. 나는 바울이 데살로니가 성도들에게 편지를 하면서 그들에게 상기시켜 준 말을 좋아합니다. "너희도 아는 바와 같이, 우리가 너희 각 사람에게 아비가 자기 자녀에게 하듯, 권면하고 위로하고 경계하노니, 이는 너희를 부르사 자기 나라와 영광에 이르게 하시는 하나님께 합당히 행하게 하려 함이니라"(데살로니가전서 2:11-12).

바로 이 글을 쓰고 있는데 벨이 울려 밖에 나가 보니, 친구의 작은 딸이 계피 빵이 든 바구니를 들고 계단에 서 있었습니다. 이틀 전 나는 그 애 엄마와 함께 애들을 동물원에 데리고 갔었습니다. 빵 포장 속에서 쪽지가 하나 나왔는데, 그녀의 맏아들이 "메이홀 아줌마의 매력은 언제나 웃는 얼굴에 있는 것 같아요"라고 말하더라는 것이었습니다. 차고 청소, 밀린 빨래 등등으로 바쁜 하루였지만, 조금도 피곤한 줄 모르고 지냈습니다. 격려의 말은 찾아보면 얼마든지 있습니다.

말이란 얼마나 중요한 것인지요! 우리는 위로와 격려의 말을 통해 사람들로 하여금 '하나님께 합당한 삶'을 살도록 해줄 수 있는데도 불구하고, 그렇지 못한 경우가 많습니다.

최근에 나는 한 저명한 작가와 함께 하루를 보낼 수 있는 기회가 있었습니다. 그녀를 지켜보면서 나는 그녀가 격려의 은사를 타고났든지, 아니면 계속해서 갈고닦아 발전시켜 왔을 것이라는 생각이 들었습니다. 세 자녀를 가진 한 젊은 엄마에게 몇 가지 필요한 질문들을 던지고 나더니 그녀는 이렇게 말하는 것이었습니다. "당신은 참으로 창의력이 뛰어나시군요. 어떻게 하면 그런 걸 다 생각해 내서 애들에게 이야기해 줄 수 있어요?" (자녀 양육에 관한 책까지 한 권 쓴 사람이 바로 이렇게 이야기한 것입니다.) 한 가정주부에게는 또 이렇게 칭찬하는 것이었습니다. "참 근사한 아이디어인데요! 제가 좀 배웠으면 좋겠네요." 한 분담토의 인도자에게는 이렇게 격려하는 것이었습니다. "당신의 그룹에 참석해서는 노트를 다섯 페이지나 적었어요. 좋은 자료들을 제공해 주셔서 감사드립니다."

그녀에게서는 격려와 칭찬의 말이 자연스럽게 흘러나왔습니다. 그 격려와 칭찬에는 꾸밈이나 가식이 없었습니다. 그녀에게 이 같은 격려의 말이 은사인지 아니면 오래 전부터 계발해 온 습관인지 묻자, 그녀는 자신의 아버지와 남편이 타고난 격려자들인지라 아마도 그들 가운데서 자연스럽게 몸에 익히게 된 것 같다고 대답했습니다.

참된 격려자로서의 자질을 기르기 위해서 다른 사람들보다 특별히 더 많은 수고를 들여야 하는 사람들이 있습니다. 나는 한때 어떻게 하면 다른 사람들을 격려해 줄 수 있는지 창의적인 아이디어를 달라고 하나님께 구했습니다. 몇 주간 동안을 날마다 그날그날 격려를 필요로 하는 사람들을 내 마음에 떠올려 달라고 기도했습니다. 그렇게 해서 하나님께서 내 마음에 떠오르게 해주신 여러 모양의 사람들을 보면 참 재미있습니다. 성경공부 인도자, 이웃집 사람, 교회의 피아노 반주자 등등. (사실 독창하는 사람에게는 감사와 격려의 말을 해도, 피아노 반주자에게 그런 말을 하는 사람은 거의 없는 것 같습니다.)

장거리 전화로 남편 잭에게 감사의 말을 전해 온 사람이 있었습니다. 그 사람은 전화를 걸어 이렇게 말했습니다. "감사해야 될 사람들과 일들에 대해서 적어 보면서 나는, 아마도 당신이 수년 전에 어떤 집회에서 당신이 전한 말씀을 통해 내가 그리스도께 나오게 되었다는 사실을 모르고 있을 것이라는 생각이 들었습니다. 그래서 감사를 드리려고 이렇게 전화를 했습니다." 이 얼마나 큰 격려가 되는 말입니까?

격려의 말을 습관화하는 것에 대해 기도하고 있습니까? 이에 필요한 창의적인 아이디어를 주시도록 하나님께 구하고 있습니까? 이를 위한 기도 제목을 따로 만들어 기도하는 것이 필요할지도 모릅니다. 아니면 '할 일 목록'을 만드는 수고를 해야 할지도 모릅니다. 그러나 당신이 진정으로 격려의 사람이 되기를 원하기만 한다면, 하나님께서는 당신에게 능력과 아이디어를 주셔서 격려하고 위로할 줄 아는 사람으로 자라게 해주실 것입니다.

지혜와 공의. "의인의 입은 지혜를 말하고 그 혀는 공의를 이르며"(시편 37:30). 우리의 말이 야고보서 3:17에서 이야기하고 있는 지혜의 특성들을 나타낸다면 얼마나 좋겠습니까? 우리의 말은 성결하고 화평하고 관용하고 양순하며 긍휼과 선한 열매가 가득하고 편벽과 거짓이 없습니까? 우리가 바로 이와 같은 말을 한다면, 이 세상은 기쁘고 즐거운 곳이 될 것입니다.

앞에서 든 내용은 우리의 입에서 나와야 하는 말들에 대해 일부분을 살펴본 것에 불과합니다. 이것을 시작으로 각자 나름대로 더 많이 생각해 보시기 바랍니다.

우리의 말에는 반드시 두 가지가 들어 있어야 하며 결코 하나라도 없어서는 안 됩니다. 곧 에베소서 4:15에서는 "사랑 안에서 참된 것을 (말)하라"고 이야기하며, 잠언 3:3에서는 "인자와 진리로 네게서 떠나지 않게 하고 그것을 네 목에 매며 네 마음판에 새기라"고 말하고 있습니다.

사랑(인자)과 참된 것(진리)은 언제나 병행해야 합니다. 그러나 불행히도 우리의 말에는 진리를 간과하고 사랑만 강조하거나, 진리는 담겨 있지만 사랑이 없는 경우가 있습니다. 마음 깊숙이 사랑과 진리가 깃들어 우리 입에서 나오는 모든 말들을 걸러 주면 얼마나 좋겠습니까? 이 사랑과 진리가 우리의 말을 걸러 주는 여과기 구실을 한다면, 입 밖에 나오지 못할 말들이 많이 있을 것입니다.

가장 지혜로웠던 왕 솔로몬은 이렇게 말했습니다. "지혜자의 말씀은 찌르는 채찍 같고, 회중의 스승의 말씀은 잘 박힌 못 같으니, 다 한 목자의 주신 바니라"(전도서 12:11).

어떻게 쓰느냐에 따라 선을 이루기도 하고 악을 이루기도 하는 우리의 말의 능력을 깨닫기 바랍니다. "죽고 사는 것이 혀의 권세에 달렸나니"(잠언 18:21). 우리의 혀를 잘 제어하면 우리의 입은 생명의 샘이 될 것이며, 우리의 말은 귀를 기울일 만한 가치가 있는 말이 될 것입니다.

✲ 적용을 위한 성경공부 ✲

1. (가) 잠언 10:11을 당신 자신의 말로 쓰십시오.

   (나) '생명의 샘'은 무엇을 의미합니까?

   (다) 지난주에 당신이 나누었던 대화들에 대해서 생각해 보십시오. 당신은 어떤 말을 사용했습니까?

2. 지난 한 달 동안 당신은 중요한 의미가 있다고 생각되는 대화를 얼마나 많이 나누었습니까? 그 대화의 주제는 무엇이었습니까? 누구와 함께 나누었습니까?

3. 잠언 10:20을 당신의 기도로 풀어서 써보십시오. 그러고 나서 몇 분간 당신의 혀에 대해서 하나님께 아뢰며, 또 하나님께서 하시는 말씀에 귀를 기울이십시오.

4. 다음 구절들에 의하면, 대화를 나눌 때 우리는 의식적으로 어떤 것들을 화제로 삼아야 합니까?

   (가) 신명기 6:6-9

   (나) 잠언 12:25

   (다) 시편 37:30-31

   (라) 시편 40:3

5. 성구사전을 사용하여 말에 관한 구절들을 4개 더 찾아보십시오. (혀, 입, 입술 등도 찾아보십시오.) 하나님께서 무엇이라고 말씀하고 계시며, 또 당신은 이에 대해 이번 주에 어떤 조치를 취해야 할 것인가 적어 보십시오.

2. "나 어때? 대단하지 않아?"

자랑에 대하여

지난 2주간에 걸쳐서 이런 일이 최소한 세 번은 있었습니다. 그 중에 한 번은 나 자신이 바로 그 주인공 역할을 했습니다.

장면 1. 끊이지 않고 울려 대는 초인종 소리를 듣고 나가 보니, 말쑥하게 차려입은 신사 한 사람이 무슨 꾸러미 하나를 들고 서 있었습니다. 그는 우리 옆집의 수리업자인 밀러 씨를 찾아온 모양이었습니다. 그는 "아무리 초인종을 눌러도 밀러 씨가 응답이 없군요. 오늘 오후 덴버로 떠나기 전에 이것을 고쳐야 되거든요" 하고 말했습니다.

나는 도움을 주려고 노력하면서, "예, 그는 기계 소리에 초인종 소리를 듣지 못하는 경우가 가끔 있습니다"라고 대답했습니다.

"그가 집에 있는지 알아보고 싶은데, 전화를 좀 써도 괜찮겠습니까?" 하고 그가 물었습니다.

부엌에까지 들어와 전화를 하고 다시 현관문으로 나가는 사이에, 그는 어떤 은행의 은행장과 함께 점심을 하기로 되어 있는데, 시내에 있는 최고급 식당에서 식사를 할 거며, 또 자기는 너무나 바쁜 사람이어서 이처럼 고장 난 것을 고치는 데 시간을 낭비할 수가 없다는 등의 이야기를 하는 것이었습니다. 나는 그가 사라지자 눈을 깜빡거리며 생각해 보았습니다. '도대체 왜 그가 이런 이야기를 다 나에게 한 거지?'

장면 2. 나는 덴버 공항에서 한 그리스도인 연사를 만나 5분 정도 이야기를 함께 나눴는데, 그 사이에 그녀는 자기가 얼마나 많은 사람들에게 말씀을 전했으며, 몇 사람이나 그리스도를 영접했고, 또 어떻게 하나님께서 갖가지로 축복해 주셨는지에 대해 이야기하는 것이었습니다.

장면 3. 한 친구와 식사를 끝내고 막 음식점을 나서는데, 주인 여자가 우리더러 명함을 하나 주면, 추첨을 해서 점심을 무료로 제공해 주겠다는 것이었습니다. "나는 명함 같은 것은 없는데요" 하고 대답했습니다. 그랬더니 그 여자가 하는 말이 자기도 없었는데, 자기의 또 다른 직업인 어떤 회사의 판매부장 직함으로 해서 약간 만들기로 했다는 것이었습니다.

내가 대답했습니다. "나도 '작가'라든가 뭐 그런 걸로 해서 명함을 만들 수도 있었을 것입니다." 이 말은 물론 그 여자로 하여금 어떤 글을 쓰느냐는 질문을 하게 만들었습니다. 나는 그렇게 함으로써 좀 더 뭔가 된 듯한 느낌을 가질 수 있으리라 생각했었나 봅니다. 그러나 도대체 내가 그런 말을 할 필요가 있었습니까? 그건 전혀 불필요한 말이었습니다.

우리는 이름, 장소, 사건 등에 대해서 할 필요가 없는 말을 짐짓 몇 마디씩 흘리거나, 성공한 사역에 대해서 이야기하기를 좋아합니다. 그렇다고 시인하려 들지 않을지도 모르겠습니다. 자기 자신만큼은 그러지 않는다고 우길지도 모르겠습니다. 그것은 기도 응답의 축복을 함께 나누기 위해서라든가 또는 함께 기쁨을 누리기 위해서

였다고 말할 수 있으며, 그것은 사실일 수도 있습니다. 오직 하나님께서만이 우리의 동기를 판별하실 수 있습니다. 그러나 성경은 우리에게 이렇게 이야기합니다. "타인으로 너를 칭찬하게 하고 네 입으로는 말며, 외인으로 너를 칭찬하게 하고 네 입술로는 말지니라" (잠언 27:2).

한 우물에서 단 물과 쓴 물이 동시에 다 나올 수는 없습니다. 그러나 많은 사람들이 혀로써 불가능한 이 일을 하려고 합니다. 야고보는 분명하게 다음과 같이 이야기합니다. "이것으로 우리가 주 아버지를 찬송하고 또 이것으로 하나님의 형상대로 지음을 받은 사람을 저주하나니, 한 입으로 찬송과 저주가 나는도다. 내 형제들아, 이것이 마땅치 아니하니라. 샘이 한 구멍으로 어찌 단 물과 쓴 물을 내겠느뇨?"(야고보서 3:9-11).

우리는 자기를 자랑하거나 과시함으로써 그 샘을 끊임없이 더럽힙니다. 우리들 대부분은 드러나게 또는 드러나지 않게 자랑을 하는 데 뛰어난 선수들입니다. 나도 별 생각 없이 자랑을 하는 경우가 많습니다. 어느 날 아침에 우리 시를 위한 기도 모임에 참석한 적이 있었습니다. 그런데 나는 어느 다른 모임에 연사로 초청을 받아 그 기도회가 끝나기 15분 전에는 그곳을 빠져나가야 했기 때문에, 다른 사람들에게 방해를 주지 않으려고 뒷자리에 가 자리를 잡았습니다. 그리고는 좌석 배치를 담당한 사람에게 가 이렇게 말했습니다. "어떤 모임에서 말씀을 전하기로 되어 있어 조금 일찍 자리를 떠야 하겠기에 뒷자리에 앉겠습니다."

맞는 말이었습니다. 그러나 단순하게 "미안하지만, 약속이 있어서 좀 일찍 나가 봐야 되겠습니다"라고 말하지 않은 이유가 어디에 있습니까?

그렇다고 해서 이런 문제로 지나치게 신경을 쓸 필요는 없습니다. 많은 경우 우리는 자신의 삶을 다른 사람들과 나누길 원하고 또 나누어야 마땅합니다. 그런데 인간이기 때문에 우리는 우리의 관점에서 말을 하게 됩니다. 그러나 어떤 사실을 나누는 것과 자랑을 하는 것의 차이는 누가 영광을 취하느냐 하는 것에 있습니다.

두 사람이 비슷한 경험을 하고 나서 한 사람은 이렇게 말했습니다. "정말로 하나님께서 나를 사용하셨습니다. 나는 세 사람을 그리스도께 인도했으며, 많은 사람들이 나의 메시지가 그들에게 도움이 되었다고 말했습니다." 그런데 또 다른 한 사람은 이렇게 말했습니다. "여러분들의 기도로 말미암아 하나님께서 놀랍게 역사하셨습니다. 두 사람이 그리스도를 영접했으며, 많은 사람들이 하나님의 손길을 느낄 수 있었다고 말했습니다."

첫 번째 사람의 경우에는 초점이 말하는 사람 자신에게 가 있습니다. 두 번째 사람의 경우에는 하나님께 초점이 맞추어져 있습니다. "꿀을 많이 먹는 것이 좋지 못하고 자기의 영예를 구하는 것이 헛되니라"(잠언 25:27). 우리 자신의 영광을 구하는 것은 하나님의 영광을 좀먹는 결과를 가져오게 됩니다.

자기를 내세우기 위해서 이름, 장소, 사건 따위를 들먹이는 것은 자랑이며, 자기 자랑은 성경에 나오는 불경건한 사람들에게 흔히 나타나는 한 가지 속성입니다. 자랑은 지나가고 없어질 세상으로부터 온 것입니다(요한일서 2:16-17 참조).

자랑에 대한 하나님의 정의와 사람의 정의 사이에는 현격한 차이가 있습니다. 나는 어떤 사람이 "암, 나는 참으로 유능한 사람이지"라는 식으로 말하거나 행동할 때 자랑을 하고 있다고 생각합니다. 하나님의 말씀에 의할 것 같으면, "나는 다음 주에 뉴욕에 간다"라고 말하는 것도 자랑입니다. 그럴 리가 있느냐고요? 이에 대해 야고보서에서 잘 설명해 주고 있습니다.

> 들으라. 너희 중에 말하기를, '오늘이나 내일이나 우리가 아무 도시에 가서 거기서 일 년을 유하며 장사하여 이를 보리라' 하는 자들아, 내일 일을 너희가 알지 못하는도다. 너희 생명이 무엇이뇨? 너희는 잠깐 보이다가 없어지는 안개니라. 너희가 도리어 말하기를, '주의 뜻이면 우리가 살기도 하고 이것저것을 하리라' 할 것이거늘, 이제 너희가 허탄한 자랑을 자랑하니, 이러한 자랑은 다 악한 것이라. (야고보서 4:13-16)

16절의 자랑이라는 말은 원래 '꽥꽥거리며 다니는 오리'라는 말에서 나온 것입니다. 그러한 사람은 자기 뜻대로 할 수 없는 것들에 대해서 자랑하며 그가 이행할 수 있는 것 이상의 약속을 합니다.
그러면 이 말씀이 의미하는 바는 무엇입니까? 그렇게 말하는 것이 왜 자랑이 되는 것입니까? 다음 주에 뉴욕에 가겠다고 말하는 것은 어떤 것을 하고 안 하고가 전적으로 자기 손에 달려 있다고 이야기하는 것과 마찬가지이기 때문입니다. 그런데 그것은 사실이 아닙니다. 하나님께서 찬 입김 한 번 내뿜으시면 시 전체가 눈 속에 묻혀 버릴 수도 있습니다. 아니면 남편이 병에 걸려 그를 간호해야만 될지도 모릅니다.
내 인생이라고 내 마음대로 할 수 있는 것이 아닙니다. 나의 시와 때는 온전히 하나님의 손안에 있습니다. "내 시대가 주의 손에 있사오니…"(시편 31:15).
물론 그렇다고 해서 말끝마다 "하나님께서 허락하시면"이라든가,

"하나님의 뜻이라면"이라는 말을 해야 된다는 것은 아닙니다. 그러나 우리 마음의 태도는 반드시 그와 같아야 합니다. "다음 주에 뉴욕에 간다"고 말할 때, 우리는 그 계획을 아버지의 뜻과 손에 맡깁니까? 대부분의 사람이 그런 것은 생각조차도 않고 있는 것이 아닌지 의심스럽습니다. 사실 우리는 자기도 모르는 사이에 자기 자랑을 하곤 합니다. 우리는 자기 자랑을 하고 있지는 않는지 자신의 마음을 살피며 기도해야 할 필요가 있습니다. "하나님이여, 나를 살피사 내 마음을 아시며 나를 시험하사 내 뜻을 아옵소서"(시편 139:23). 그리고 또한 하나님께서 "치료하는 광선"(말라기 4:2 참조)을 비추사 우리의 삶과 말에서 자기 자랑을 드러내시고 깨끗케 해주시기를 구해야 합니다.

우리가 우리 자신, 우리의 업적, 우리의 중요성, 우리의 지위를 자랑하는 것은 죄를 범하는 행위일 뿐만 아니라 두 가지를 하지 못하는 결과를 낳게 됩니다. 자랑은 자기 자신에게 초점을 맞추기 때문에 교만의 죄가 됩니다. 뿐만 아니라 하나님께 영광을 돌리지 못하며, 다른 지체들을 세워 주지 못하게 됩니다.

에베소서 4장을 공부하면서 발견한 놀라운 한 가지 사실은, 우리는 우리 자신이 아니라 다른 그리스도인들을 먼저 생각하고 세워 주기를 힘써야 한다는 것이었습니다. 주님께서 이것을 내 마음에 깨우쳐 주실 때 내게는 다음과 같은 질문이 생길 수밖에 없었습니다. "그렇습니다, 주님. 저도 그렇게 하기를 원합니다. 그렇지만 어떻게 합니까?" 늘 그렇듯이 하나님께서는 조용하게 대답하셨습니다. "벌써 다 알려 주지 않았느냐?" 나는 그 장을 다시 공부하면서 하나님께서 가르쳐 주신 것들을 찾아보았습니다. 하나님께서는 다른 사람들을 세워 주는 데 있어서 핵심은 나의 인격과 나의 말에 있다고 말씀하십니다. 그것을 나는 이렇게 정리해 보았습니다.

  인격: 나는
    온전히 겸손하고 온유하며,
    오래 참으며,
    용납하며,
    하나 되며,
    화평하며,
    받은 은사가 무엇이든 그것을 다른 사람들에게 나누어 주며,
    그리스도의 장성한 분량이 충만하며,
    힘써 수고하는 사람이 되어야 한다.

  말: 나는
    사랑 안에서 참된 것을 말하며,
    분을 내어도 죄를 짓지 말며,
    해가 지도록 분을 품지 말고,
    더러운 말은 입 밖에도 내지 말고,
    덕을 세우는 데 소용되는 선한 말을 하며,
    모든 악독과 노함과 분 냄과 떠드는 것과 훼방하는 것을 버리고,
    인자하게 하며 불쌍히 여기고(이해심을 갖고),
    용서함으로 말을 해야 된다.

이렇게 적어 놓고 보니, '이것은 일생에 걸쳐서 해야 될 일이구나' 하는 생각이 들었습니다. 자기를 뽐내는 사람은 결코 다른 사람들을 세워 주는 그런 사람이 될 수 없다는 것이 참으로 분명해졌습니

다. 내게는 하나님의 도우심이 절실하게 필요합니다. 무엇보다도 내가 어떤 것들에 대해 자랑을 잘하는지 민감하게 알아내 고치는 것이 필요합니다. 그런데 하나님께서는 이미 그런 도움을 주시겠다고 약속하셨습니다.

한 사내아이가 큰 돌덩이 하나를 움직이려고 안간힘을 쓰고 있었습니다. 밀어 보기도 하고 당겨 보기도 하고 지렛대를 써서 움직이려고도 해봤지만, 다 소용이 없었습니다.

그 애의 아버지가 그에게 물었습니다. "애야, 네가 쓸 수 있는 모든 자원을 다 활용해 봤니?"

아들이 대답했습니다. "그럼요, 아빠. 모든 방법을 다 동원해 보았지만, 끄떡도 하지 않아요."

아버지가 말했습니다. "아니다, 애야. 넌 아직까지 나한테는 도와달라고 하지 않았잖니?"

성령께서 우리를 도우실 수 있습니다. 그분은 우리의 자원이 되십니다. 그분만이 우리를 통해 빛을 비추실 수 있으며, 우리를 도와서 우리의 인격과 말을 통해 다른 지체들을 세우실 수가 있습니다. 그분만이 우리의 더럽혀진 말의 샘을 깨끗케 하심으로 스스로 자랑하지 않게 해주실 수 있습니다.

✤ 적용을 위한 성경공부 ✤

1. 야고보서 3장을 찬찬히 소리 내어 읽으면서 묵상하십시오. 혀에 대해서 발견한 사실들을 기록하십시오.

2. (가) 잠언 25:27을 당신 자신의 말로 다시 쓰십시오.

(나) 사람들은 어떤 식으로 자기 자신의 영광을 취하려고 노력합니까?

(다) 당신은 어떤 식으로 자신을 중요한 사람으로 보이게 하려고 노력합니까?

3. 에베소서 4:29-32을 읽으십시오. 당신의 입에서 나와야 될 말들은 어떤 것이 되어야 하는지 적어 보십시오.

4. 잠언 27:2과 빌립보서 2:3을 서로 비교해 보십시오. 자기 자랑과 겸손을 비교한 결과를 간략하게 써보십시오.

5. 한 주간 동안 매일, 당신이 한 말 가운데서 자랑이라고 볼 수 있는 말들을 메모해 보십시오. 주말에는 이것들을 가지고 기도하며, 무심코라도 다른 사람들에 대해서 혹평하거나 또는 다른 사람들에게 좋은 인상을 주려고 노력하지 않게 해달라고 하나님께 구하십시오.

3. "이건 말도 안 돼!"

불평에 대하여

약국을 나서면서 남편은 소리 내어 웃었습니다. 진열되어 있는 스프레이 살충제 바로 아래 다음과 같은 광고가 붙어 있는 것을 보았기 때문입니다. "믿으시라. 바퀴벌레들이 오고 있다!" 누군가 뒷부분의 말을 긋고 이렇게 다시 써 놓았습니다. "바퀴벌레들은 이미 와서 잔치를 벌이고 있다." 그 말 그대로 남편이 산 스프레이 살충제에도 아랑곳없이 바퀴벌레들은 그 주간에도 잔치를 벌였습니다.

말도 이 바퀴벌레들처럼 해로운 것이 될 수 있으며, 경우에 따라서는 이 같은 벌레나 모기들보다 훨씬 더한 괴로움을 가져다줄 수도 있습니다. 우리를 물어 우리 영혼의 살갗에 커다란 반점을 만드는 해충이 바로 불평이라고 하는 못된 습관입니다.

수많은 그리스도인들이 불평 가운데 사는 때가 종종 있습니다. (그렇게 되지 않았으면 좋겠지만, 영원히 그럴 것같이 여겨지는 때도 있습니다.) 우리는 불평을 합니다. 비판을 합니다. 투덜대며 불만의 소리를 내뱉습니다. 마음에 불만을 가득 품고 있습니다.

우리들은 "감사합니다"라는 말끝에 "그러나"를 붙이는 경우가 많습니다. "주님, 많은 친구들을 주셔서 감사합니다. 그러나 더 많은 친구들이 있었으면 좋겠습니다"라든가, "건강을 지켜 주셔서 감사합니다. 그러나 기분까지도 우울해지지 않았으면 좋겠습니다," 또는 "우리에게 거할 집을 주셔서 감사합니다. 그렇지만 카펫을 새로 깔 수 있었으면 더욱 좋겠습니다"라고 하는 식입니다.

손자와 함께 해변을 걷고 있던 한 할머니에 대한 이야기가 있습니다. 갑자기 큰 파도가 덮쳐 와 손자를 쓸어 가버렸습니다. 할머니는 무릎을 꿇고 어린애가 다시 돌아오기를 위해서 기도했습니다. 그 다음 파도가 몰려오더니 손자를 다시 실어 왔습니다. 할머니는 깜짝 놀라 손자를 잘 살펴보았습니다. 아무런 이상도 없는 것 같았습니다. 그러다가 뭔가를 발견하고는 기도했습니다. "어린 생명을 구해 주셔서 감사합니다. 그러나 주님도 아시겠지만 우리가 처음 왔을 적에는 애가 모자를 쓰고 있었는데요!"

불평불만의 가장 큰 원인은 자족하지 못하는 데 있는 것 같습니다. 자신에 대해서 만족하지 못하고 환경과 인간관계, 그 밖의 모든 세상사들에 만족하지 못하는 데 그 원인이 있는 것 같습니다. 만족을 모르기 때문에 우리는 서로 다투고 싸우는 것입니다.

우리가 만족하지 못하는 것은 다른 사람과 비교하기 때문인 경우가 많습니다. 이러한 경향은 어릴 때부터 나타납니다. 나의 한 친구에게 여덟 살 난 양녀가 있는데, 그 애는 자기와 오빠를 비교하면서 이렇게 이야기한다는 것입니다. "오빠는 엄마가 낳았지만, 나는 다리 밑에서 주워 왔잖아요."

이처럼 비교하는 버릇은 죽을 때까지 계속됩니다. 자기 자신이 만족스럽지 못하게 여겨질 때, 자기보다 더 못한 사람을 생각하고 스스로를 위로하고 감사하기도 합니다. 그러나 나의 경우는 부정적인 시야에서 다른 사람과 비교하는 경향이 더 많은 것 같습니다.

수년 전 나는 그리스도의 일꾼의 완전한 아내가 되고자 하는 욕심에 사서 고생을 했던 적이 있습니다. 마리온같이 손 대접을 잘하며, 루시처럼 살림을 잘하며, 라일라와 같이 말씀을 잘 전하며, 모리나처럼 상담에 뛰어난 은사를 발휘하며, 헬렌과 같이 친절하고도 온유한 여인이 되고 싶었던 것입니다. 그래서 이들처럼 되려고 노력해 보았지만 늘 실패로 끝나고 말았습니다!

그때 하나님께서 내 마음에 분명하게 들려주시는 음성이 있었습니다. "캐롤, 네가 닮고자 하는 사람이 누구냐?" 그래서 나는 손을 꼽아 보기 시작했습니다. 그때야 비로소 나는 열 사람의 복합체가 되고 싶어 했다는 사실을 깨달을 수 있었습니다. 그들의 가장 뛰어난 자질을 나의 이상으로 삼아 한꺼번에 그 모든 자질들을 나의 것으로 만들고 싶어 녹초가 되도록 자신을 닦달했던 것입니다.

나중에 가서야 깨달아지는 것이 있었습니다. 하나님께서는 내가 다른 어느 누구도 아닌 바로 나 자신이 되기를 원하신다는 것입니다. 내게는 다듬어져야 할 모난 부분들이 많이 있긴 하지만, 하나님께서는 나를 이 세상을 통틀어 단 하나밖에 없는 독특한 존재로 만드셨으며, 따라서 나는 바로 그러한 나로 만족해야 하는 것입니다.

비교가 도움을 주는 경우는 거의 없으며, 성경에서도 그렇게 하라고 가르치고 있지 않습니다. 성경은 긍정적으로든 부정적으로든 우리 자신을 남과 비교하는 것은 지혜롭지 못하다고 가르치고 있습니다. "우리가 어떤 자기를 칭찬하는 자로 더불어 감히 짝하며 비교할 수 없노라. 그러나 저희가 자기로써 자기를 헤아리고 자기로써 자기를 비교하니 지혜가 없도다"(고린도후서 10:12). 자신을 다른 사람들과 비교하는 것은 어리석고 미련한 일입니다. "겸손한 마음으로 각각 자기보다 남을 낫게 여기는"(빌립보서 2:3) 것이 지혜입니다.

우리의 마음을 무엇으로 채우느냐에 따라 우리는 만족을 하기도 하고 못하기도 하는 경우가 많이 있습니다. 혀를 올바로 사용하기 위해서는 우리가 어떤 것들로 우리의 마음을 채우고 있는지 주의 깊게 살펴보아야 합니다. 애정 소설을 읽고 나면, 비록 그것이 기독교를 배경으로 한 것이라 할지라도, 우리는 그 이야기 속에 등장하는 주인공에 반도 미치지 못하는 남편을 생각하고는 실망에 빠질 수도 있습니다. 비록 명작이라 할지라도, 그것이 이처럼 부정적인 시야에서 남편을 저울질해 보게 만든다면, 그것을 멀리해야 할 것입니다.

책을 한 권 샀는데, 첫 몇 장을 넘겨 보고 형편없이 시시한 책이라는 것을 발견했다고 합시다. 그럴 경우 어떻게 합니까? 쓰레기통에 버립니까, 아니면 책값이 아까워서라도 다 읽겠다고 생각합니까? 돈은 이미 무익하게 사용되고 말았습니다. 문제는 시간까지도 거기에 허비해 가며 당신의 마음속에 쓰레기들을 채워 넣겠느냐 하는 것입니다. "명철한 자의 마음은 지식을 요구하고, 미련한 자의 입은 미련한 것을 즐기느니라"(잠언 15:14).

우리는 또한 우리의 마음속에 둥지를 틀고 있는 것이 무엇인지 주의 깊게 살펴보아야 합니다. 오늘날과 같이 복잡한 사회에는 이루 헤아릴 수도 없이 많은 문제들이 널려 있어, 정신적 또는 육체적 학대의 희생물이 되었거나, 결혼 생활에서 상처를 입었거나, 폭행을 당하고 모욕을 당해 찢어진 마음을 안고 살아가는 사람들이 많습니다.

이러한 상처에 어떤 반응을 나타내느냐는 사람에 따라 큰 차이가 있습니다. 그리스도의 도우심으로 "뒤에 있는"(빌립보서 3:13) 그 같은 쓴 경험들을 잊는 사람들이 있는가 하면, 잊어버리지 못하고 이에 사로잡힌 듯한 사람들도 있습니다. 그들은 끊임없이 마음속으로 그들의 쓴 경험을 되새김질합니다. 그야말로 그들은 "무엇에든지 사랑할 만한 것"(빌립보서 4:8)에 대해서는 전혀 생각하지 않는 것입니다. 그들은 마음속에 슬픈 과거의 생각들을 되살려 그 생각들에 사로잡혀 실의와 좌절 속에서 살아가는 것입니다.

우리의 마음속에 잡동사니들을 채우지 않으며, 과거의 쓴 경험이 자리를 잡지 못하도록 주의하는 것은 첫 단계에 불과합니다. 어느 정도 독소를 제거해 냈다 하더라도 계속해서 신선하고 순수한 물이 흘러 들어오지 않으면, 우리의 샘은 정체되어 다시 더러워지고 맙니다.

주 예수님께서는 제자들에게 "너희는 내가 일러 준 말로 이미 깨끗하였다"(요한복음 15:3)고 말씀하셨습니다. 하나님의 말씀의 깨끗케 하는 능력은 아무리 강조해도 지나치지 않습니다. 모닥불 곁에 서 있다 온 사람에게서는 연기 냄새가 납니다. 세상을 살아가다 보면 우리는 생각에나 습관에나 말에나 오염되지 않을 수가 없습니다. 그래서 우리에게는 날마다 하나님과만 함께하는 시간을 통해서 하나님의 말씀으로 깨끗케 되는 일이 절대적으로 필요한 것입니다.

나는 여러분에게 내일 아침 주님께 감사하는 내용을 성경에서 세 가지 찾아보라고 말씀드리고 싶습니다. 그 다음에는 당신 주위에 있는 것들로부터 감사 제목을 세 가지 찾아보십시오. 그리고 하나님께서 당신에게 베풀어 주신 축복들과 말씀으로부터 감사 제목을 아침마다 한 가지씩 더 찾아보십시오. 그리하여 하나님께서 그날 하루 그것들을 다시 생각나게 해주셔서 늘 감사하는 삶을 살 수 있게 도와 달라고 기도하십시오. 한 달 동안 이것을 계속해 보십시오. 또한 에베소서 3:14-20 말씀을 암송하고 순간순간 당신의 생각을 그 구절들로 돌려 보십시오. 한 달 후에는 아마도 당신에게 새로운 사고 패턴이 형성되어 있음을 발견하게 될 것이며, 이러한 사고 패턴은 일생 동안 지속될 것입니다.

사도 바울은 이렇게 말했습니다. "내가 궁핍하므로 말하는 것이 아니라 어떠한 형편에든지 내가 자족하기를 배웠노니, 내가 비천에 처할 줄도 알고 풍부에 처할 줄도 알아 모든 일에 배부르며 배고픔과 풍부와 궁핍에도 일체의 비결을 배웠노라"(빌립보서 4:11-12).

이 구절의 전후 문맥을 한번 살펴봅시다. 이 구절의 앞부분에는 명령이 나옵니다: 기뻐하라, 아무것도 염려하지 말라, 기도하라, 주님과 주님의 말씀에 관한 좋고 놀랍고 긍정적인 것들을 생각하라, 행하라. 그리고 뒷부분은 우리가 익히 알고 있는 "내게 능력 주시는 자 안에서 내가 모든 것을 할 수 있느니라"(13절)는 말씀입니다. 예수님께서는 자족할 수 있는 능력을 이미 내게 주셨고, 지금도 날마다 주고 계십니다. 자족의 비결이 바로 '내게 능력 주시는 자 안에 있는 것'입니다.

이것이 내게 말해 주는 의미는 참으로 많습니다. 자신에 대해 만족하며 자기가 가진 것들과 자기를 둘러싸고 있는 환경과 모든 것들에 대해 자족하는 마음이 있으며, 사랑의 하나님 품 안에 안겨 자기를 사랑하시고 돌보시는 하나님의 손길을 느끼며 감사하는 사람에게 어찌 불평이 있을 수 있겠습니까?

바울은 자족하기를 배웠다고 했습니다. 자족을 위해 기도했노라고 말하지 않았습니다. 자족해야 하는 그의 책임을 다할 수 있게 해 달라고는 기도했을 것입니다. 바울이 자족하기를 배운 것은 필시 경험을 통해서였던 것이 분명합니다. 왜냐하면 그는 "내가 비천에 처할 줄도 알았다"고 말했기 때문입니다.

내가 삶에서 두려워하는 것 한 가지는 경험을 통해서 배우지 못하는 것입니다. 누군가 이렇게 말한 사람이 있습니다. "20년 동안 늘 새로운 경험을 해온 사람들이 있는 반면, 일 년의 경험을 20번 되풀이하는 사람들도 있습니다." 후자의 사람들은 경험을 통해 배우려고 하지 않습니다.

내게도 비천에 처했던 시기가 있었습니다. 매달 지불해야 하는 집세는 말할 것도 없고 다음 끼니를 어떻게 때우느냐 하는 것이 큰 문제가 되는 형편이었습니다. 이 같은 상황에서 나는 자족하기를 배웠던가?

내게는 또한 풍족했던 시기도 있었습니다. 그때는 식료품을 사는 데 원래 계획보다 10달러 정도는 더 써도 되는 여유가 있었습니다. 그러나 나는 그때 자족하기를 배웠던가?

나는 날마다 참으로 알찬 삶을 살고 싶습니다. 순간순간을 그 순간 속에 담긴 기쁨과 즐거움과 아름다움과 놀라움과 교훈, 곤혹스러움, 심지어는 고통에 이르기까지 한 방울도 놓치지 않고 다 맛보기를 원합니다. 그러나 현재에 자족하기를 배우기까지는 그처럼 알찬 삶은 결코 살 수가 없습니다.

솔로몬은 이렇게 말했습니다. "다투는 여인과 함께 큰 집에서 사는 것보다 움막에서 혼자 사는 것이 나으니라"(잠언 21:9). 그는 계속해서 이렇게 말했습니다. "다투는 부녀는 비 오는 날에 이어 떨어지는 물방울이라. 그를 제어하기가 바람을 제어하는 것 같고 오른손으로 기름을 움키는 것 같으니라"(잠언 27:15-16).

그러나 이러한 잘못에 빠지는 것은 여자들만이 아닙니다. 빌립보서 2:14-16에서는 모든 믿는 자들에게 다음과 같이 분명하게 명령하고 있습니다.

> 모든 일을 원망과 시비가 없이 하라. 이는 너희가 흠이 없고 순전하여 어그러지고 거스리는 세대 가운데서 하나님의 흠 없는 자녀로 세상에서 그들 가운데 빛들로 나타내며, 생명의 말씀을 밝혀 나의 달음질도 헛되지 아니하고, 수고도 헛되지 아니함으로 그리스도의 날에 나로 자랑할 것이 있게 하려 함이라.

누군가 이런 말을 했습니다. "구원은 바라보기만 하면 되지만, 성화(聖化)는 주목해 보아야만 가능하다." 우리는 주님을 바라볼 때 구원을 얻을 수 있습니다. 그러나 우리의 삶과 말을 깨끗하고 거룩하게 하기 위해서는 성경의 매 페이지에 나타나 있는 주님을 주목해 보아야만 합니다. 하나님께서 약속해 주신 기쁨을 깊이 들이켜 나갈 때, 비록 더디긴 하지만 서서히 우리의 불만은 만족으로, 우리의 불평은 찬양의 노래로 바뀌어 갈 것입니다.

✽ 적용을 위한 성경공부 ✽

1. 사전에서 만족(자족)과 불평의 뜻을 찾아보십시오.
2. 빌립보서 4:10-12, 디모데전서 6:6-8, 히브리서 13:5-6을 읽으십시오. 이 구절들로부터 만족(자족)에 대해 배운 것들을 적어 보십시오.
3. (가) 빌립보서 2:14-16을 당신 자신의 말로 풀어 써보십시오.
   (나) 당신은 어떤 영역에서 불만을 가지고 투덜대며 불평을 합니까?

(다) 당신의 불평에는 어떤 패턴이 있습니까? 하루 중 어느 때에 불평을 잘한다든가, 스트레스가 쌓이면 불평이 튀어나온다거나, 또는 어떤 특정한 사람들에게 불평을 하고 있지는 않습니까?

4. (가) 시편 139:23-24을 당신의 기도 제목으로 삼아 하나님께 기도할 때, 당신이 특히 어느 때 만족하지 못하고 불평하는지, 또 왜 그러는지 보여 주시도록 구하십시오.

(나) 하나님께서 당신에게 보여 주시는 것들을 한두 가지 적어 보십시오.

(다) 지혜를 주시도록 기도하며, 불평을 그치기 위해서 이번 주 동안에 할 수 있는 것들을 두 가지 기록하십시오.

5. 자족과 경건의 비결이 어디에 있다고 생각합니까? 디모데후서 2:15과 3:16-17 참조.

4. "생각할 것도 없어!"

함부로 내뱉는 말에 대하여

집에서 하는 일 가운데서도 가장 지저분하고 하기 싫은 일의 하나는 고기를 굽고 난 석쇠를 닦는 일입니다. 어금니를 굳게 문 채 이 일을 하고 있는 나의 콧등에서는 송골송골 땀방울이 배어 나왔습니다. 그 다음날 저녁에 햄버거 파티를 하기로 되어 있었기 때문에 석쇠에 들러붙어 있는 기름 찌꺼기들을 깨끗이 닦아 내고 있는 중이었습니다.

 이 일을 하던 중에 두루마리 화장지를 가지러 안으로 들어갔습니다. 그런데 거기에 운동량이 부족해 어떻게든 운동을 하려고 안간힘을 쓰고 있던 남편이 두 다리를 의자 위로 올린 채 누워 쉬고 있었습니다.

 "오늘은 8km나 걸었소"라고 남편이 말했습니다. 내 입에서는 무심코 이런 말이 튀어나왔습니다. "그럴 힘이 있으면 차라리 다른 일을 하겠어요." 이 말이 떨어진 순간 나는 할 수만 있으면 곧 그 말들을 다시 주워 담고 싶었습니다. 남편의 얼굴에서는 성취감으로 말미암은 기쁨이 사라졌습니다. 얼른 그 자리를 피해 지하실에 내려왔습니다. 하나님께서는 계속 내게 그 말이 부주의하게 내뱉은,

마음을 상하게 하는 말이라는 것을 일깨워 주셨습니다.

그래서 나는 다시 남편에게 가서 장황한 말로 사과했고, 남편은 나를 용서했습니다. 그러나 입에서 한번 나간 말은 엎질러진 물과도 같이 다시 주워 담을 수가 없는 것이었습니다. 그때 떠오른 말씀이 있었습니다. "입을 지키는 자는 그 생명을 보전하나, 입술을 크게 벌리는 자에게는 멸망이 오느니라"(잠언 13:3).

부주의한 말을 하게 되는 것은 말을 하기 전에 생각을 하지 않기 때문입니다. 그런 말은 대부분의 경우 다른 사람을 해치게 됩니다.

"5분간만 이야기를 좀 나눌 수 있을까요?" 윤곽이 분명한, 그녀의 아름다운 얼굴에 그늘이 져 있었습니다. 테 없는 안경 속에서 그녀의 눈은 눈물로 반짝거렸습니다. 우리는 사람들로 붐비는 수양회장의 한쪽 귀퉁이로 걸음을 옮겼습니다.

그녀가 입을 열었습니다. "2년 전, 나는 어떤 신체적인 문제와 정신적인 타격으로 말미암아 신경쇠약에 걸리기 일보 직전의 상태에 놓여 있었습니다. 나는 종종 소리쳐 울어 대기를 잘해 교회 관계의 일들을 그만두어야 했습니다. 그러자 목사님이 찾아와 이런 말씀을 하시는 것이었습니다. '스스로 노력해서 이 상태를 극복하지 않는 한 교회 사람들도 당신을 위해 더 이상 기도해 주지 않을 것이오.'"

그가 했던 말에 대해 다시 생각하자 아물었던 상처가 다시 터지기나 한 듯, 그녀의 눈에서는 눈물이 솟아 나왔습니다. "그 일이 있고 나서 나는 완전히 좌절에 빠졌으며, 정말로 신경쇠약에 걸리고 말았습니다. 이로부터 회복하는 데는 2년 이상이 걸렸습니다."

나도 함께 울었습니다. 무심코 한 말이 그녀를 그 지경으로까지 몰고 갔던 것입니다. 그럼에도 불구하고 하나님께서는 그녀의 그 경험을 사용하셨습니다. 병에서 회복되고 난 뒤, 그녀는 병원의 많은 환자들을 열심히 찾아다니며 복음도 전하며 위문도 했습니다. 나와 이야기를 나눴던 그 주간에도 그녀는 한 사람을 그리스도께 인도했습니다.

이처럼 하나님께서는 참으로 쓰라린 경험까지도 사용하셔서 우리를 훈련시키시고 우리를 예수님의 형상으로 빚어 가십니다. 그렇다고 해서 우리가 생각 없이 함부로 말해도 된다는 것이 아닙니다. 말을 할 때는 언제나 모든 주의를 기울여 해야 될 책임이 우리에게 있습니다.

함부로 말하는 것에 대해서 이야기해 주는 구절을 읽을 때마다, 내게는 찔리는 바가 있습니다. 잠언에서는 이렇게 말하고 있습니다. "혹은 칼로 찌름같이 함부로 말하거니와 지혜로운 자의 혀는 양약 같으니라"(12:18). 어떤 번역의 성경에서는 그 구절을 이렇게 풀어 이야기합니다. "칼로 찌르는 것처럼 뼈아픈 말을 함부로 지껄여 대는 사람도 있으나, 지혜로운 자의 말은 아픈 상처를 어루만져 준다"(현대인의 성경).

함부로 말한다는 의미는 '결과를 생각하지 않고, 조심 없이, 책임감 없이, 급히 말한다'는 것입니다.

이처럼 생각 없이 하는 말이나 질문은 고통을 가져다줄 수 있습니다.

내 동생 조이는 백혈병으로 죽어 가고 있었습니다. 아름다운 금발 머리는 장기간에 걸친 화학 요법의 희생물이 되었습니다. 암의 영향으로 체중이 감소하고 피부는 노화되어 쭈글쭈글해지고 윤기가 사라져 아주 나이가 들어 보였습니다. 딸의 결혼식 사진이 병실의 옷장 문에 붙어 있었습니다. 한 어린 간호 견습생이 불쑥 들어와서는 사진을 들여다보더니, 아무 생각도 없이 이렇게 묻는 것이었습니다. "어머나, 사진 참 잘 나왔네. 손녀예요?" 바로 일 년 전만 해도 사람들은 그녀와 딸을 보고 자매지간이냐고 묻곤 했었는데⋯. 그녀의 눈썹 아래 이슬이 맺혔습니다.

우리는 생각 없이 말을 내뱉음으로써 다른 사람들을 해치고 더 나아가서는 무너뜨리는 일이 없게, 혀를 제어할 수 있게 해달라고 날마다, 순간마다 하나님께 기도할 필요가 있다고 나는 확신합니다. 우리는 말하기 전에 생각할 수 있게 도와 달라고 하나님께 기도해야 합니다.

우리는 종종 무모하게 책임을 질 수 없는 과장을 하는 경우가 있습니다. 조지프 스토웰은 혀 사용에 관한 그의 책에서 이렇게 말했습니다. "과장이란 사실을 보다 감각적이고 흥미를 끌게 조작하는 거짓말이다. 과장은 성공적인 관계 형성의 두 기초인 신뢰와 신용을 좀먹는다."

이것을 읽을 때 나는 움츠러들지 않을 수 없었습니다. 어려운 일이었습니다. 남편은 때때로 이 과장이라는 문제에 대해서 내게 지적하곤 합니다. 그의 말에 의할 것 같으면, 과장은 '작가의 특권'이라는 것입니다. 그러나 만일 사실을 보다 감각적이고 흥미를 끌 의도를 가지고 조작하고 과장한다면, 그것은 잘못이라는 엄연한 사실과 맞닥뜨려야 합니다. 다른 사람들이 그렇게 하는 것을 높이 사지 않을진대, 자신이라고 해서 적당히 예외로 하고 넘어갈 수는 없는 문제입니다.

내가 자라 온 과정을 볼 때, 우리 식구들에게는 토의를 유리한 방향으로 이끌기 위해서 때로는 고의적으로 사실을 확대해서 이야기하는 경우가 있었습니다. 결혼하기 이미 오래 전부터 이것은 나의 습관으로 몸에 배게 되었습니다. 그래서 내게는 남편의 본이 필요했습니다. 그는 사실을 과장하거나 확대해서 이야기하는 일이 거의 없고 언제나 사실을 정확히 말하려고 노력합니다.

우리가 부주의한 가운데 할 수 있는 말로는 또한 아첨을 들 수 있습니다. 아첨이란 환심을 사기 위해서 마음에도 없으면서 입으로만 하는 지나친 칭찬을 의미합니다. 아첨을 하는 것은 우리가 어떤 사람의 행동이나 능력 또는 신체적, 인격적인 특성을 부추겨 줌으로써 그 사람으로 하여금 우리에게 빚진 자의 위치에 서도록 하려는 것과 같습니다. 진심에서 우러나오는 칭찬과는 그 동기에서 차이가 납니다.

똑같은 말이, 경우에 따라서는 격려해 주기 위해서 하는 순수한 칭찬이 될 수도 있고, 자기에게 돌아올 유익을 바라보고 하는 아첨이 될 수도 있습니다. 예를 들어, 남편에게 "당신의 깊은 생각과 배려에 참으로 감사를 드려요"라고 말했다고 합시다. 진심 어린 감사의 마음에서 그렇게 말했다면 순수한 칭찬이지만, 바라는 어떤 것을 얻고자 하는 속셈에서 그랬다면 그것은 아첨이 되는 것입니다.

그 동기가 어떤 것이냐를 알기 위해서는 성령의 세미한 음성에 민감해야만 합니다.

우리의 부주의한 말은 또한 지혜의 부족으로부터 비롯될 수 있습니다. 지혜가 없으면 우리는 근본적인 문제의 깊이를 바로 헤아리지 못하고 변죽만 울리는 말을 내뱉게 됩니다.

동생 조이의 고통스런 죽음을 겪고 난 뒤, 나는 한동안 아무것도 느낄 수가 없었습니다. 나는 속이 텅 비어 기쁨도 슬픔도 느끼지 못하게 되어 버린 것 같았습니다. 주님과 함께하는 시간도 그저 멍할 뿐이었습니다. 한 친구에게 이것을 이야기했더니, 듣자마자 이렇게 말하는 것이었습니다. "그건 사탄의 짓임에 틀림이 없어." 그러나 그건 그렇지 않았습니다. 변죽만 울린 피상적인 대답은 더 이상의 대화를 불가능하게 만들어 버렸습니다.

조이가 죽지 않았다면 나는 우리에게 고통이 주어지는 이유를 몇 가지 들 수 있었을 것입니다. 그녀가 죽은 뒤에도 나는 똑같은 이유를 생각해 볼 수 있었을 것입니다. 그러나 그러고 싶지 않았습니다. 나는 슬픔을 당한 사람에게 이유는 별로 도움이 되지 않는다는 사실을 깨닫게 되었습니다.

어떤 노래에 이런 가사가 있습니다. "답을 찾아 방황하는 내 인생…." 이것은 우리 많은 사람들이 경험하는 바입니다. 답이 없기 때문이 아닙니다. 하나님의 길은 우리 길보다 높으며 하나님의 생각은 우리 생각보다 높기 때문입니다. 진리는 단순하며, 많은 경우 인생은 이해할 수가 없다는 사실을 받아들이기 전까지는 오리무중 가운데 우리는 발버둥 칠 수밖에 없습니다.

'그렇다면, 주님, 판에 박은 듯한 시시한 대답들을 하지 않게 저를 도와주소서. 깊고 오묘한 인생의 난제들에 대해서 변죽만 울리는 해결책은 제시하지 않게 해주소서. 부주의한 말들에서 벗어날 수 있게 저를 도와주소서.'

그러나 우리는 살아가다 무심코 생각 없이 말을 내뱉곤 하는 자신을 보게 될 때 어떻게 해야 합니까?

무엇보다도 먼저 우리는 기도함으로써 성령의 음성을 곧 민감하게 알아들을 수 있도록 해야 합니다. 그래서 우리의 말이 죄라고 깨우쳐 주실 때는 그것을 자백해야 합니다. 그것은 혀를 잘못 놀린 실수 정도에 그치는 것이 아니라, 자백하지 않으면 안 되는 죄인 것입니다. 이 면에 진보를 보이기 위해서는 하나님의 도우심을 구해야만 합니다.

바비큐용 석쇠를 닦다가 생각 없이 내뱉은 몇 마디 말로 남편의 마음을 상하게 했던 그날, 하나님께서 내게 깨우쳐 주신 것이 있습니다. 곧 나의 잘못은 그처럼 지저분한 일을 해야 하는 자신에 대한 연민과 두 다리를 뻗고 쉬고 있는 남편에 대해 못마땅해하는 마음이 뒤섞여 그렇게 제멋대로 혀를 놀린 데 있었다는 것입니다. 그것이 뭐가 잘못이냐고요? 자기 연민은 감사하는 마음과 공존할 수가 없습니다. '가련한 자기'에 대한 노래는 하나님에 대한 찬양을 앗아가 버립니다.

자기 연민에 빠지는 것은 자기를 제어하기보다 훨씬 쉬운데, 특히 자기 제어가 입을 지키는 것을 의미하는 경우에는 더욱 그렇습니다. 나도 사람인지라 항상 올바른 태도나 무한정한 자기 제어력을 가지고 있지는 못합니다. 그럴 경우 내게는 급하게 말을 내뱉지 않도록 하나님께서 지켜 주시고 제어해 주시는 것이 필요합니다.

나의 생각을 바꾸는 데 있어서 가장 실제적인 방법은 말씀을 암송하는 것과 다음과 같은 진리의 말씀을 삶에 적용하고 실천할 수 있게 해달라고 기도하는 것입니다. "의인의 마음은 대답할 말을 깊이 생각하여도 악인의 입은 악을 쏟느니라"(잠언 15:28).

또한 당신의 잘못된 말과 태도를 지적해 줄 충성된 사람을 주시도록 하나님께 구하십시오. 그 사람이 배우자면 더욱 좋습니다. "생명의 경계를 듣는 귀는 지혜로운 자 가운데 있느니라. 훈계받기를 싫어하는 자는 자기의 영혼을 경히 여김이라. 견책(譴責)을 달게 받는 자는 지식을 얻느니라"(잠언 15:31-32).

거기에는 고통이 따를 것입니다. 좋지 못한 버릇을 발견해서 고친다는 것은 결코 즐겁지만은 않은 일입니다. 우리 옛 사람은 우리가 방심하는 순간 그 사이를 비집고 들어와 어떻게든 우리의 입술을 주관하려고 합니다. 그러나 진정으로 하나님께 순종하기 위해서는 이 면에 있어서도 우리는 자신을 하나님께 산제사로 드려야 합니다. 나는 이것이야말로 우리가 드려야 할 "하나님이 기뻐하시는 거룩한 산제사"(로마서 12:1)의 한 부분이라고 믿습니다.

✽ 적용을 위한 성경공부 ✽

1. 다음 구절들은 우리의 말에 대해서 무엇이라고 말합니까?
    (가) 잠언 12:18
    (나) 잠언 13:2-3
    (다) 마태복음 12:35-36
2. 당신이 사실을 과장하고픈 유혹을 받았던 때나 실제로 과장을 했던 경우에 대해서 생각해 보십시오. 그 이유는 무엇이었습니까?
3. (가) 잠언 15:28을 주의 깊게 읽으십시오. 그러고 나서 그것을 당신 자신의 말로 풀어 써보십시오.
    (나) 어떻게 이 말씀에 순종하지 못했던가를 한 문장으로 설명하십시오.
    (다) 순종하지 못했던 구체적 예를 한 가지 들어 보십시오.
    (라) 이 구절에 대해서 기도한 다음, 이번 주에 이 말씀을 생활에 적용하기 위한 구체적인 계획을 두 가지 들어 보십시오. (그것들은 언제나 실천 가능한 것이어야 합니다. 예를 들어, 한 주간 동안 그것을 당신의 첫 번째 기도 제목으로 삼겠다든지, 그 구절을 암송하겠다든지, 급히 말하고 싶을 때마다 하나님께서 그 구절을 생각나게 해주시도록 기도하겠다든지 하는 것입니다.)

5. "아하!"

비방과 한담에 대하여

커피포트가 마지막 트림을 하더니 잠잠해졌습니다. 앤은 뜨거운 커피를 밝은 색깔의 잔들에 부어 기도 모임에 온 여인들에게 한 잔씩 돌렸습니다. 대화가 한창 무르익었습니다.

"오는 길에 론다의 집을 지나쳐 왔거든요. 그런데 그 집을 팔려고 내놓았던데요."

"그래, 맞아요. 남편과 헤어졌다나 봐요. 내 생각에는 딴 여자가 있는 것 같아요."

"나도 그렇게 들었어요. 정말 큰 문제예요. 그 사람 아들이 어젯밤에 붙잡힌 깡패들 속에 들어 있었다면서요?"

"론다가 너무 심하게 애들을 다루지 않나 싶더니…. 언젠가 이렇게 될 줄 알았다니까요, 글쎄."

"맞아요. 정말로 우리의 기도가 필요한 것 같아요."

우리도 사람들과 함께 이런 비슷한 이야기를 나눈 경험이 있을 것입니다. 기도하러 모였다고는 하지만, 사실 그들이 나눈 이야기는 비방입니다. 비방이라고요? 깜짝 놀랄지도 모르지만, 그렇습니다. 그것은 비방입니다.

성경에서 말하는 비방은 거짓된 진술을 하는 것 그 이상의 의미를 가지고 있습니다. 구약에서 이 말은 일반적으로 좋지 못한 보고를 의미하는 말로 사용되었습니다. 히브리어로는 '어떤 사람(것)에 대한 평판을 떨어뜨리거나 깎아내리는 것'을 의미하는 말로 쓰이고 있는데, 민수기 13:32에서 10명의 정탐꾼이 약속의 땅에 대해서 한 '악평(惡評)' 즉 '부정적인 보고'가 이에 해당합니다.

신약에서 비방이라는 말은 '나쁘게 말함'이라는 의미로 쓰이고 있습니다. "형제들아, 피차에 비방하지 말라. 형제를 비방하는 자나 형제를 판단하는 자는 곧 율법을 비방하고 율법을 판단하는 것이라"(야고보서 4:11). 성경에 근거해서 볼 때, 비방이란 공공연하게 의도적으로 다른 사람을 해롭게 하는 정보를 퍼뜨리는 것으로 그 정보가 사실이든 아니든 다른 사람의 명예를 훼손한다는 데 그 특징이 있습니다. 알프레드 플러머는 야고보서 4:11에 대해서 다음과 같이 주석을 달았습니다.

> 전후 문맥을 통해 비방이 의미하는 바에 대해서 살펴볼 수 있습니다. 비방은 악의가 담긴 말이 문제가 된다기보다는 흠을 들추기 좋아하는 태도가 문제가 됩니다. 그리스도인은 판단하는 태도를 가져서는 안 됩니다. 판단하는 사람은 다른 사람들의 행동을 예의 주시합니다. 도와주기 위해서가 아니라, 비판하기 위해서, 그것도 깎아내리기 위해서 지켜봅니다.… 그러나 이 모든 것들은 다 차치하고라도 판단은 하나님의 신성한 권리에 대한 침해입니다. 그것은 단지 하나님의 사랑의 법을 어기는 것으로 그치지 않고, 그 법이 틀렸거나 한 것처럼 그 법을 따르지 않음으로써 그 법보다 자신을 더 우위에 둡니다. 그리고는 하나님만이 앉으

실 수 있는 재판석에 올라앉아 하나님만이 내리실 수 있는 판결을 내립니다.

플러머는 그 사랑의 법에 대해서 다음과 같이 이야기합니다.

　하나님의 사랑의 법에 대해서 잘 알고 있으면서, 또 비방의 쓴 맛을 충분히 경험했으면서도 여전히 다른 사람들에 대해서 좋지 못한 이야기만을 계속한다면, 그 사람은 자기가 판단하는 사람들은 물론 그 법보다도 자신을 더 우위에 놓고 있는 것입니다. 그의 행위는 사랑의 법을 악법이라고 선고하고 있는 셈이며, 그렇게까지는 안 된다 할지라도, 최소한 자기처럼 뛰어난 사람이라면 가차 없이 무시해 버릴 만한 형편없는 법 정도로 여기고 있는 것입니다.

정말 그럴까 하고 여겨지는 무서운 말입니다. 판단을 하면서, 나는 지금 바로 비방을 하고 있으며, 따라서 '하나님의 법보다 나를 더 위에 두고 있구나' 하는 생각이 든 적이라곤 한 번도 없었습니다.

물론 때로는 말이 거칠어질지라도 반드시 사실을 이야기해야만 하는 경우도 있습니다. 그러나 여기에는 반드시 따라야 할 지침이 있습니다.

　누구에게. 그는 이 일에 관계된 사람으로 이것에 대해서 알 필요가 있는가? 그럴 경우에는 비방이 아닐 수도 있을 것입니다.

　어떻게. 당신의 태도가 중요합니다. 이것을 알리기를 마음 아파합니까, 아니면 고소해합니까? 쓸데없이 어떤 사람에 대해 나쁜 인상을 조장하는 것은 혹시 아닙니까? 먼저 당사자에게 이야기가 되었습니까?

언제. 반드시 그렇게 해야만 할 때입니까? 반드시 이야기해야만 한다는 확신이 없으면 하지 마십시오!

야고보의 경고에 귀를 기울이기 바랍니다. "형제들아, 피차에 비방하지 말라"(야고보서 4:11).

다행스러운 것은 하나님께서는 언제나 우리에게 해결책을 주신다는 것입니다. 생각이 입을 통해서 밖으로 나오는 것이 곧 말이기 때문에 온전한 말을 할 수 있기 위해서는 먼저 온전한 생각을 하는 사람이 되어야 합니다.

세상에서 하나님의 택함을 받은 나그네들에게 보내는 그의 두 번째 편지에서 베드로는 편지를 쓴 목적을 다음과 같이 밝히고 있습니다. "사랑하는 자들아, 내가 이제 이 둘째 편지를 너희에게 쓰노니, 이 둘로 너희 진실한 마음을 일깨워 생각하게 하여"(베드로후서 3:1). 우리의 생각은 도덕적으로 흠이 없고, 고결하며, 책임성 있고, 덕스럽고, 순결하며, 타인의 모본이 되어야 합니다. 이것이 모두 진실한 마음입니다. 우리는 우리의 인격에 발전을 가져다줄 수 있는 것들을 생각해야 하는 것입니다.

하나님께서는 우리가 무엇이든지 참되며, 경건하며, 옳으며, 정결하며, 사랑할 만하며, 칭찬할 만하며, 덕이 되고, 기릴 만한 것들을 생각하기를 원하십니다(빌립보서 4:8).

참으로 대단한 목록이 아닙니까? 우리의 생각은 물론 만일 우리의 말을 여기에 비추어 평가해 보면 어떨 것 같습니까? 하나님께서는 우리의 생각이 곧 말이라는 사실을 명심하십시오.

베드로는 이 온전한 생각을 어떻게 할 수 있는지에 대해서 이야기합니다. "곧 거룩한 선지자의 예언한 말씀과, 주 되신 구주께서 너희의 사도들로 말미암아 명하신 것을 기억하게 하려 하노라"(베드로후서 3:2). 이 말은 곧 우리가 하나님의 말씀을 기억하여 묵상하면 할수록 우리의 생각은 그만큼 더 주님의 생각을 닮아 가며 주님을 드러내게 될 거라는 것입니다. 그럴 때 우리는 주님을 영화롭게 하며 주님께 찬양을 돌리게 되며, 생각하는 것이 더욱 온전해지게 될 것입니다.

베드로후서 3장의 나머지 부분에는 부정적인 사고방식을 긍정적인 사고방식으로 바꾸는 방법들을 보여 주는 귀한 지침들로 가득 차 있습니다. 그 첫 번째 지침이 3절에 나와 있습니다. "먼저 이것을 알지니." 우리는 얼마나 자주 깨닫게 해주시도록 기도합니까? 우리는 말씀의 깊은 진리를 깨닫기 위해 공부하고 묵상하는 데 얼마나 많은 시간을 들이고 있습니까? 이것을 소홀히 하고 있다면 우리는 하나님의 명령에 불순종하고 있는 것입니다.

다음 지침은 8절에 나와 있습니다. "잊지 말라." 어떤 일이 일어나 우리의 믿음을 시험할 때, 우리는 얼마나 쉽게 과거 우리의 삶 가운데 하나님께서 베풀어 주신 은혜를 잊어버리는지 모릅니다. 그런데 그것을 잊지 말라는 말씀입니다.

14절에는 참으로 중요한 지침이 나와 있습니다. "주 앞에서 점도 없고 흠도 없이 평강 가운데서 나타나기를 힘쓰라." 우리의 거룩함을 구하는 삶은 얼마나 잘못되어 있습니까? 우리는 거룩함이란 전력을 기울여 좇아야 얻을 수 있는 것이라기보다는 우리에게 주어지는 것으로 생각합니다.

그 다음으로 나와 있는 지침은 "삼가라"는 것입니다(17절).

그리고 이 모든 지침들을 하나로 묶어 주는 말씀이 18절입니다.

"오직 우리 주 곧 구주 예수 그리스도의 은혜와 저를 아는 지식에서 자라 가라."

이 동사들에 주목하십시오: 알라, 잊지 말라, 힘쓰라, 삼가라, 자라 가라. 우리가 올바로 생각하고 말하기 위해서는 이 모든 활동들이 다 이루어져야 합니다.

우리의 생각이 우리의 인격을 결정한다는 것은 성경의 진리일 뿐만 아니라, 심리학적으로도 증명된 사실입니다. 자신이 누구냐는 자신이 무엇을 생각하고 있느냐를 보면 압니다. 자신의 생각이 곧 자기 자신입니다. 우리는 속으로 생각하는 것을 밖으로 말하게 되어 있습니다. 바로 이 같은 이유 때문에 하나님을 더욱 기쁘시게 해 드릴 수 있는 말을 할 수 있기 위해서는 먼저 생각이 진실하고 온전해야 합니다.

우리의 생각이 아름답고 사랑스럽지 못할 때 나타날 수 있는 한 가지 결과는 추한 한담(閑談)입니다. 한담은 친한 벗을 이간합니다(잠언 16:28 참조). 성경은 한담하는 자와는 사귀지 말라고 이야기합니다. "두루 다니며 한담하는 자는 남의 비밀을 누설하나니, 입술을 벌린 자를 사귀지 말지니라"(잠언 20:19). 입술을 벌린 자, 곧 돌아다니면서 수다를 떨며 쉴 새 없이 입방아를 찧고 남의 말 하기를 좋아하는, 한담하는 자를 멀리했던 경험이 있습니까?

성경에 보면 한담(수군수군하는 것)이란 말은 다툼, 시기, 분 냄, 당 짓는 것, 중상(中傷)이란 말과 함께 나와 있습니다(로마서 1:29, 고린도후서 12:20 참조). 우리가 한담을 즐긴다는 것은 곧 이러한 행위들을 하는 사람들만큼 나쁜 부류에 속해 있다는 것을 의미합니다.

사도 바울은, 젊은 과부들은 게으름을 익혀 집집에 돌아다니며 한담하는 버릇에 빠지기가 쉽다고 생각했습니다. "또 저희가 게으름을 익혀 집집에 돌아다니고, 게으를 뿐 아니라 망령된 폄론(貶論)을 하며, 일을 만들며, 마땅히 아니할 말을 하나니"(디모데전서 5:13).

신실한 사람은 한담을 하지 않습니다. "두루 다니며 한담하는 자는 남의 비밀을 누설하나, 마음이 신실한 자는 그런 것을 숨기느니라"(잠언 11:13). 누구나 다 다른 사람의 신임을 받는 신실한 사람이 되기를 원합니다. 그러면서도 우리는 다른 사람들에 대해서 보고 듣고 겪은, 좋지 않은 것들을 퍼뜨림으로써 하나님의 식구들을 이간합니다.

생각에 있어서나 말에 있어서나 우리의 판단은 보통 하나님 안에서 같은 가족이 된 다른 사람들을 향하고 있습니다. 그러나 사도 바울은 우리에게 이렇게 말합니다. "남의 하인을 판단하는 너는 누구뇨? 그 섰는 것이나 넘어지는 것이 제 주인에게 있으매 저가 세움을 받으리니, 이는 저를 세우시는 권능이 주께 있음이니라"(로마서 14:4).

우리는 한담을 하거나 판단을 하는 것은 옳지 못하며 따라서 그렇게 하지 말아야 된다는 것은 인정합니다. 그렇지만 그것을 어떻게 그만둘 수 있습니까? 한담하는 무리들 가운데 있을 때는 어떻게 거기에 끼어들지 않을 수 있겠습니까?

첫 번째 원칙은 미리 계획하라는 것입니다. 어떤 모임을 주관했으면, 대화의 방향을 흘러가는 대로 그냥 두기보다는 주도해 나가는 것이 필요합니다. 나는 종종 '기도와 나눔'이라고 이름한 점심 모임에 참석하곤 합니다. 거의 예외 없이 점심에 초대한 주인이 대화를 이끌어 가는데, 하나님께서 각자의 삶 가운데서 행하고 계신

일과 각자의 기도 제목들을 나눌 수 있도록 이야기를 이끌어 갑니다. 그런 경우에는 시간을 마치고 났을 때에 어떤 것은 말하거나 듣지 않았더라면 더 좋았겠다 하는 생각이 든 적이 별로 없습니다.

명심해야 할 또 한 가지 원칙은 어떠한 경우라도 그 자리에 없는 제삼자를 비난해서는 안 된다는 것입니다. 교회나 그리스도인들이 모이는 곳에서는 어디에서나 이 원칙이 지켜졌으면 하는 마음 간절합니다.

우리의 집 또한 우리가 한담을 피해야 할 중요한 장소가 됩니다. 자주 남편과 나는 우리 집에서 갖게 될 모임을 준비할 때, 재미있으면서도 다른 사람을 세워 주는 화젯거리는 어떤 것일까를 미리 생각해 둡니다.

다른 누군가를 헐뜯고 있는 사람들 가운데 있을 때는 어떻게 해야 합니까? 최근에 했던 한 성경공부에서 직장 여성들을 대상으로 주님의 일을 하고 있는 한 여인이 이런 말을 했습니다. "어떤 모임에서 나는 사람들이 어떤 사람에 대한 험담을 하고 있는 것을 알았을 때, 미소를 띠며 조심스레 이렇게 말했습니다. '그 이야기를 들으니 마음이 몹시 불편해지는군요!'" 이 말에 다른 사람들이 어떤 반응을 보이더냐고 묻자, 그녀는 이렇게 대답했습니다. "화제를 바꾸더군요." 험담을 하고 있다고 다른 사람들을 정죄하지도 않고, 그렇다고 또 그 험담을 계속하도록 내버려두지도 않은, 이 얼마나 은혜롭고도 지혜로운 방법입니까?

또 한 가지 방법은 부드럽게 접근하는 것입니다. 예를 들면 이렇게 말하는 것입니다. "우리가 이야기하고 있는 것에 대해서 만일 그녀가 안다면 정말로 속상해할 것입니다."

매일 아침 다음과 같은 기도를 빠뜨리지 않도록 해야 합니다. "여호와여, 내 입 앞에 파수꾼을 세우시고 내 입술의 문을 지키소서"
(시편 141:3). 나는 때로 이렇게 기도하기를 잊어버리고, 그 결과
하나님을 영화롭게 하지 못하며 사람들에게 상처를 주는 말을 하곤
하는 것을 자백하지 않을 수 없습니다.

전화벨이 울릴 때, 친구를 만날 때, 어떤 모임이 있을 때, 당신은
기도합니까? 당신은 하나님께 입을 지켜 주시며, 경고하시고 훈계
하시는 음성에 민감하게 해달라고 기도합니까? 박정하지 않고 친
절하며, 거칠지 않고 온유하며, 헐뜯기보다는 세워 주는 사람이 되
기 위해서 기도합니까?

나는 내 삶을, 나의 말과 생각을 하나님 모르게 숨길 수 없습
니다. 시편 139편에서 하나님은 나의 모든 생각들을 다 아신다고
말씀하십니다. 하나님께서는 내가 말을 하기 전에도 무슨 말을 하
려고 하는지 다 아십니다. 내가 숨기고 있는 마음속 은밀한 것들도
하나님께는 밝히 드러납니다.

우리는 하나님께서 심각하게 여기시는 죄들을 '사소한 죄'로 가볍
게 넘겨 버릴 때가 많습니다. 내 말에 오해는 없으시기 바랍니다.
성경 곳곳에서 우리는 그들의 마음을 이해심이 많은 아버지께 쏟아
놓고 있는 사람들을 보게 됩니다. 실망과 분노와 좌절을 토로하며
하나님께 부르짖고 있습니다. 특히 시편 기자는 참으로 자신을 온
전히 드러내며, 모든 것을 아시는 여호와 앞에 정직했습니다. 우리
들도 이처럼 하나님 앞에 나가 고통과 실망과 분노까지도 숨김없이
다 토해 내놓는 것이 필요할 때가 있습니다.

다윗은 그의 불만과 원망과 하나님께서 그의 원수를 갚아 주시기
를 바라는 마음을 토로했습니다. 그런데 내가 아는 한, 하나님께서
는 이것에 대해서 다윗이나 다른 사람들을 호되게 꾸짖거나 화를

내신 적이 없습니다. 게다가 전체적으로 보아 다윗의 삶과 말은 이같은 감정들보다는 찬양과 찬송으로 가득 차 있었습니다. 그는 그러한 어두움에 절망하기보다는 하나님의 빛을 발산했으며, 이것은 성경에 나온 다른 경건한 사람들의 경우에도 또한 마찬가지입니다.

비방은 마음속에서부터 시작됩니다. 그것은 옛사람 속에 잉태되어 분노와 시기심을 먹고 자랍니다. 그래서 그것은 결국 추한 악마의 모습으로 표출되어 나타나게 되는데, 그 전까지는 정체를 가면에 숨겨 위장합니다.

그 악마를 쳐서 무찌를 수 있는 것이 바로 훈련입니다. 제리 화이트는 훈련을 "죄에 대해서는 '아니요'라고 말하며, 의에 대해서는 '예'라고 말하고, 마땅히 해야 할 것들에 대해서는 '그렇게 하겠다'고 말할 수 있는 능력의 배양"이라고 정의합니다. 그러므로 우리 모두 다 함께 비방하지 아니하며, 온전한 생각을 할 수 있도록 마음을 훈련하며, 하나님께 순종하기로 굳게 결심합시다.

아버지시여! 바로 이 순간 아버지 앞에 얼굴을 들 수 없을 정도로 부끄럽습니다. 저의 생각과 말이 아버지를 슬프게 해드린 적이 얼마나 많았는지요! 저를 용서해 주시옵소서. 그리고 이제는 주님의 종을 비방하고 깎아내리는 잘못에서 벗어나게 하소서. 제 입 앞에 파수꾼을 세우시고 제 입술의 문을 지키소서. 그리하여 주님께 영광을 돌리게 하옵소서. 아멘.

❋ 적용을 위한 성경공부 ❋

1. (가) 비방과 한담이라는 말을 각각 정의하십시오.
   (나) 자신의 속내를 털어놓는 것과 어떤 사람을 비방하는 것 사이에는 어떤 차이가 있다고 생각합니까?
2. 다음 구절들은 비방이나 한담에 대해서 무엇을 가르쳐 줍니까?
   (가) 잠언 11:13
   (나) 잠언 16:28
   (다) 잠언 20:19
   (라) 잠언 26:20
3. (가) 로마서 1:29과 고린도후서 12:20에는 비방 및 한담(수군수군하는 것)과 함께 어떤 죄들이 열거되어 있습니까?
   (나) 당신은 이것들이 비방이나 한담과 같은 부류에 속한다고 생각합니까, 아니면 서로 다른 부류에 속한다고 생각합니까?
   (다) 하나님께서는 어떻게 보시리라고 생각합니까?
4. 야고보서 4:11과 베드로전서 2:1에는 비방에 대해서 어떤 명령을 하고 있습니까?
5. (가) 로마서 14:4를 풀어 쓰십시오.
   (나) 우리는 어떤 식으로 다른 사람을 판단합니까?
   (다) 당신이 자주 판단하는 사람은 누구입니까?
   (라) 이것에 대해서 하나님께서는 당신이 어떻게 하기를 원하신다고 생각합니까?

6. "그거 약 올리는데!"

분노와 다툼에 대하여

남편과 함께 간이음식점에 들어가 자리를 잡고 뭘 먹을까 생각하고 있는데, 그때 다른 한 쌍의 부부가 들어서더니 바로 우리 뒷자리에 와 앉았습니다. 그들이 메뉴를 살펴보고 있는 동안 잠시 침묵이 흘렀습니다. 조금 후 남자가 물었습니다. "뭘 먹을까?"

그러자 기다렸다는 듯이 여자가 말을 받았습니다. "당신은 왜 언제나 나한테 물어요?"

남자는 화가 났습니다. "당신, 왜 그러는 거요? 도대체 뭐가 어쨌다는 거요?"

여자도 가만히 있질 않았습니다. "당신, 오늘 아침 꼭 한판 벌이기로 작정한 것 같아요."

말이 오가면서 목소리가 점점 더 커졌습니다.

나는 잘 이해가 되지 않았습니다. 어떻게 두 사람이 아무것도 아닌 걸 가지고 아침부터 다툴 수 있단 말인가?

다행히 그 부부는 별것 아닌 것 가지고 어리석게 다투고 있었다는 것을 깨닫고, 한바탕 웃고 난 다음에 곧 목소리를 누그러뜨렸습니다.

사람들은 별거 아닌 일에도 곧잘 화를 내며 말다툼을 합니다.

남편과 나는 결혼 생활에 관한 세미나를 하면서 부부가 서로를 얼마나 잘 알고 있는지 알아보기 위해서 간단한 퀴즈를 내곤 합니다. 쉬는 시간을 이용해, 머리도 식힐 겸 서로에 대해서 다시 한 번 생각해 볼 수 있는 기회를 주고자 하는 의도에서 세 가지 질문을 하는데, 그중에 한 가지가 "당신의 배우자가 좋아하는 색깔은 무엇입니까?" 하는 것입니다. 그러면 갑자기 세미나실 뒤쪽에서 남자의 화난 목소리가 들려옵니다. "아니! 당신, 그것도 몰라?"

분노를 주제로 해서 쓴 책들은 많이 있으며, 그 가운데는 훌륭한 책들도 많이 있습니다. 여기서 그 주제에 대해서 깊이 다루고 싶은 생각은 없습니다. 다만 혀와 관련된 면에서 몇 가지 이야기해 보고자 합니다.

성경은 "사람마다 듣기는 속히 하고 말하기는 더디 하며 성내기도 더디 하라"(야고보서 1:19)고 합니다. 그 이유는 무엇입니까? "사람의 성내는 것이 하나님의 의를 이루지 못하기"(야고보서 1:20) 때문입니다. 하나님께서는 우리가 우리의 수준이 아니라 하나님의 수준에 합당한 의의 삶을 살기를 원하십니다. 우리의 분노는 하나님께서 우리에게 원하시는 의의 삶을 이루지 못한다고 성경은 말하고 있습니다. 사실 나는 듣기는 더디 하고(아예 듣지 않는다고 하는 편이 더 나을지도 모르겠습니다), 말하기는 속히 하며 성내기도 속히 하는 경우가 많습니다. 성을 내는 것은 그래도 많이 잡혔는데, '말하기를 속히 하는' 버릇은 아직도 여전합니다.

말하기도 속히 하고 성내기도 속히 하게 되는 몇 가지 분명한 이유들에 대해서 살펴봅시다. 그 이유는 대부분 육체적으로 피로가 쌓여 있거나 몸의 상태가 정상이 아니거나, 감정적으로 침체되어 있거나, 정신적으로 심한 스트레스를 받고 있거나, 영적으로 메말라 있기 때문인 경우가 많습니다. 그럴 경우 내가 취하는 첫 번째 조치는 스스로 자제하는 가운데 그 이유를 밝혀내는 것입니다.

거의 20년 전에 일어났던 일인데도 마치 어제 일처럼 기억 속에 생생한 사건이 하나 있습니다. 햇빛도 찬란한 어느 일요일 아침 나는 자리에서 일어나 조반을 준비했습니다. 그때 나는 남편 잭, 딸 린과 함께 살고 있었습니다. 그들이 식탁에 와 앉을 동안, 열리기 시작한 내 입은 닫힐 줄 모르고 갈수록 더 거칠어졌습니다. 내가 기억하기로는 아침에 정신없이 바빴다는 말로부터 시작했던 것이 결국에는 그들에게 "아마 나하고 함께 교회 가기가 싫은 모양이죠? 차라리 다시 침대에 가 자지 그래요?"라고 소리치게까지 되었습니다.

내가 퍼부어 대는 동안 그들은 한마디도 할 수 없었습니다. 나는 화가 잔뜩 오른 얼굴로 그들을 바라보았습니다. 두 사람 다 놀라서 두 눈을 똥그랗게 뜨고 나를 쳐다보기만 했습니다.

그들의 표정이 하도 우스워 나는 웃음을 터뜨리고 말았습니다. "지금까지 내가 떠들어 댔던 말을 다 취소하도록 하겠습니다. 바로 지금이 매달 찾아오는 그땐가 봐요. 용서해 주세요." 우리는 모두 아침을 느긋하게 들고 나서 주님과 충분히 많은 시간을 함께 보낼 수 있었습니다.

매달 생리 때면 어려움을 겪는 여인들은 적절한 조치를 취해야 할 필요가 있습니다.

1. 달력에 표시를 해서 그처럼 스트레스를 느낄 가능성이 있는 날이 언제인지를 미리 알아 두십시오.

2. 며칠 전부터 미리 특별한 힘과 자제력과 침착함을 주시도록 기도하십시오. 나는 이것을 '예방 기도'라고 부릅니다. 그 기간 중

에 특별히 바쁜 일이 예상될 때 몇 친구에게 당신을 위해 기도해 달라고 부탁하십시오.

3. 그 기간 중에 기분을 전환할 수 있는 활동들을 계획하십시오. 친구와 점심을 같이한다든가, 음악회에 갈 약속을 한다든가, 하이킹을 계획하는 것 등등. 어린애들을 다른 사람에게 맡기고 한숨 푹 자는 것이 필요할지도 모릅니다.

내게 있어서 감정은 영적인 상태의 영향을 받는 경우가 많습니다. 영적으로 고갈되어 있을 경우, 나는 훨씬 쉽게 화를 내고 언쟁에 말려들기도 하고 내가 먼저 언쟁을 시작하기도 합니다. 하나님과 긴밀하게 동행하고 있을 때는 하나님께서 나의 감정을 안정되게 지켜 주시는 것을 느낍니다. 주님의 복락의 강수를 깊이 들이킬 때면 기쁨과 평안이 있습니다(시편 36:8 참조).

화를 내게 되는 또 다른 이유는 권리를 침해받고 있다고 느끼기 때문입니다. 이기적인 나의 모습을 생각하면 나는 실망이 되는 때가 있습니다. 나는 나의 방법대로, 나의 시간 계획을 따라, 내가 편리한 대로 일을 처리하기 원합니다. 그러나 인생은 대개 그렇게 되지를 않습니다. 또 하나님께서 그것을 허락하시지도 않는 것은, 만약 그렇게 될 경우 나는 이기적이고 자기중심적인 사람이 되어 버릴 것이기 때문입니다.

잠언 13:10을 암송할 때, 그 말씀이 주는 교훈이 나의 가슴을 찔렀습니다. "교만에서는 다툼만 일어날 뿐이라." 나는 생각했습니다. '가만있어 봐! 그렇다면 이 말씀은 내게 만족이 없고 속이 상하고 화가 나는 것은 다 내가 교만하기 때문이라는 것 아냐? 그럴 리가 있나?' 그래서 나는 이 말씀에 비추어 모든 분노의 감정들을 살펴보게 되었습니다. 교만이란 자기 자신을 부당하게 높이는 것, 즉 지나친 자존심입니다. 그것은 자기 자신과 자기가 하고 있는 일들을 다른 사람들 및 그들이 하고 있는 일들보다 앞세우는 것입니다.

린이 세 살 되던 해, 세 친구를 끌어들여, 진흙 발로 조금 전에 왁스로 광을 내놓은 부엌 마루를 엉망으로 만들어 놨을 때, 나는 몹시 속상했던 적이 있습니다. 왜 그렇습니까? 그 애가 나의 힘든 수고를 조금도 생각해 주지 않는다고 느끼는 마음(자기 교만) 때문입니다. 남편이 예고도 없이 친구들을 집에 데려올 때면, 나는 몹시 화가 납니다. 왜 그렇습니까? 내가 해야 될 더 많은 수고에 대해서 고려해 주지 않았다고 생각하기 때문입니다.

요즘에 와서 깨닫기 시작한 사실은 의로운 분노, 곧 다른 사람에게 저지른 죄에 대해 느끼는 분노를 제외한 그 밖의 다른 모든 분노가 나와 및 나의 감정을 첫자리에 두는 데서 기인한다는 것입니다. (내가 이야기하고자 하는 바는, 그런 분노를 절대 말로 표출해서는 안 된다는 것이 아니고, 반드시 그 원인을 규명해서 그것이 만일 교만일 경우에는 자백을 해야 한다는 것입니다.)

우리는 사랑하는 사람들이 공격을 받으면 거의 본능적으로 분노의 감정을 느낍니다. 예를 들면, 남편 잭과 나는 부부이기 때문에, 또 딸인 린과 사위인 팀, 그리고 그들의 두 자녀는 우리의 한 식구이기 때문에, 나는 그들이 공격을 받으면 격렬한 기세로 그들의 감정을 감싸는 입장에 서게 됩니다. 내 자신의 감정을 보호하려고 하는 것보다 그 정도에 있어서 더했으면 더했지 덜하지는 않을 것입니다. 사랑하는 사람이 상처를 입으면 나는 화가 납니다.

나는 가만 앉아서 조용히 귀를 기울이고 있었습니다. 그러나 마음속에서는 충격의 소용돌이가 일었습니다. 연사는 자기가 생각하는 잭에 대해서 이야기하고 있었습니다. 나는 속으로 화가 머리끝까지 치밀어 부르르 떨며 '아니야'라고 외치고 있었습니다.
'당신이 틀렸어요!'
그러나 나는 아무 말도 하지 않았습니다.
당신은 자신이나 사랑하는 사람이 욕을 먹거나 공격을 받을 경우에 어떻게 합니까? 사랑하는 사람의 눈빛에서 실패와 좌절의 그림자를 봤을 때는 어떻게 합니까? 배반을 당했다고 느꼈을 때는 어떻게 합니까? 이런 모든 것들이 합력하여 선을 이룬다는 것을 알지 못할 때 우리는 고통으로 비명을 지르게 됩니다.

깊은 상처를 받을 때 우리는 그 고통의 원인과 그 고통 속에 담긴 하나님의 뜻은 무엇인지를 깊이 생각해 보아야 합니다. 그것이 우리로 하여금 더욱 예수 그리스도를 닮아 가며, 보다 풍성한 열매를 맺으며, 영원을 위해 준비하는 삶을 살도록 하기 위해, 하나님께서 자비하심 가운데(그 과정은 비록 힘들고 고통스러울지라도) 허락하신 것임을 믿는다면, 별다른 어려움이 없이 우리는 그 고통을 순수하고 깨끗한 마음으로 받아들일 수 있을 것입니다.

우리는 분노를 다스려야 합니다. 우리는 분노를 일으키는 상황이 하나님의 사랑과 긍휼하심으로부터 온다는 것을 알고 또 이런 환경을 통해 배울 수 있어야 합니다.

슬픔, 기쁨, 두려움이 감정인 것처럼 분노도 또한 감정에 속합니다. 많은 사람들이 감정은 선하지도 악하지도 않다고들 말하는데 사실이 그렇습니다. 여기에서 그 문제를 가지고 왈가왈부하지는 않겠습니다. 그러나 성경을 통해서 분명히 알 수 있는 것은, 분노는 자제해야 한다는 것입니다. "분을 내어도 죄를 짓지 말며"(에베소서 4:26).

이 법칙에 예외는 있을 수 없습니다. 분노를 참지 못하고 언성을 높인다든가, 신경질적이 된다든가, 욕을 하는 등 자제를 잃는 것은 언제나 하나님과 사람을 대하여 죄를 범하는 것입니다. 우리의 혀, 감정, 목소리, 표정, 행동 등을 다스리는 것, 곧 절제는 성령의 열매 가운데 하나입니다(갈라디아서 5:22-23 참조).

우리 외할머니는 억척스럽게도 한평생을 사셨던 분입니다. 외할머니는 외할아버지와 함께 치안도 확립되지 않은 콜로라도의 산악 도시에서 개척 사역을 시작했습니다. 후에는 미시간 주의 한 소읍으로 옮겼는데, 외할아버지가 술을 마시지 말라는 설교를 한다고 사람들이 그들의 한 마리밖에 없는 말을 총으로 쏘아 죽였을 때도 외할머니는 눈 하나 깜짝 하지 않았습니다. 그 설교를 그만두지 않으면 그들의 외동딸마저 납치해 갈 것이라는 위협에도 굴하지 않고 용감하게 맞섰습니다. 외할머니의 나이 50대 초반에 외할아버지가 돌아가시자 외할머니는 우리 집으로 옮겨 와 우리와 함께 여생을 보내셨습니다.

연세가 더해 가면서 외할머니는 점점 정신이 쇠약해 가셨습니다. 우리 온 식구는 자주 저녁 식탁에 둘러앉아 우스갯소리나 또는 별것도 아닌 이야기에 떠들썩하게 웃어 대곤 했습니다. 그러나 단 한 사람 외할머니만큼은 예외였습니다. 외할머니는 갸름한 얼굴에 흰 벼슬을 단 새처럼 고개를 치켜들고는 한 사람 한 사람의 얼굴을 쏘아 보십니다. 그 표정은 마치 "너희들 다 미쳤구나"라고 말씀하고 있는 것 같았습니다.

우리는 입씨름하기를 즐겼는데, 그 입씨름이 지나치다고 생각되시면 아버지는 주먹으로 식탁을 내리치시면서 단호하게 말씀하셨습니다. "이제 그만해라!" 그러나 외할머니께만큼은 화를 내시거나 퉁명스럽게 말씀하신 적이 한 번도 없었던 걸로 기억합니다. 외할머니가 아버지의 화를 돋우고 그의 인내심을 시험하신 적은 틀림없이 많이 있었을 것입니다. 그러나 아버지는 자제력을 가지고 20년 동안을 함께 살아오시면서 하나님께서 외할머니를 데려가시기까지 줄곧 친절하고 예의 바르게 대하셨던 것입니다.

성경은 "너희 관용을 모든 사람에게 알게 하라"(빌립보서 4:5)고 말합니다. 아버지께는 그 같은 관용의 마음이 있었던 것입니다. 그는 장로나 감독에게 있어야 하는 경건한 성품을 본으로 보여 주셨습니다. "감독은 하나님의 청지기로서 책망할 것이 없고, 제 고집대로 하지 아니하며, 급히 분 내지 아니하며, 술을 즐기지 아니하며, 구타하지 아니하며, 더러운 이를 탐하지 아니하며, 오직 나그네를 대접하며, 선을 좋아하며, 근신하며, 의로우며, 거룩하며, 절제하며"(디도서 1:7-8).

누구에게나 어떤 영역에서 절제하기가 힘든 문제가 있을 것입니다. 어린 자녀들에게 언성을 높이며 고함을 치는 젊은 부모들을 봅니다. 그런 부모들에게는 낮이 길고 밤이 짧게 여겨집니다. 이해가 되고 동정도 갑니다. 그런가 하면 이기기를 다투는 운동선수가 절제에 실패하는 것도 보아 왔습니다.

당신은 어떻습니까? 당신을 넘어지게 하는 당신의 적은 무엇입니까? 하루 종일 애들에게 시달리고 나서 저녁 식사를 준비하고 있는데, 퇴근하자마자 소파에 털썩 주저앉아 신문에만 푹 빠져 있는 남편을 보면 화가 납니까? 당신은 어떤 일을 당신의 뜻대로 하지 못하면 사흘간이나 기분이 언짢습니까?

어떤 사람에게 거침없이 퍼부어 대고 나서는, 자기는 '겉과 속이 같다'느니, '뒤가 없다'느니 하는 식으로 생각하는 사람들이 있습니다. 그들은 '솔직하다'는 것을 이유로 그러한 감정 폭발을 정당화합니다.

　그러나 그것은 잘못된 생각입니다. 물론 우리는 솔직해야 될 필요도 있고 마음을 숨김없이 털어놓아야 할 필요도 있습니다. 우리가 무엇을 생각하고 있는지를 다른 사람들에게 알려 줄 필요도 있습니다. 그러나 여기에는 반드시 사랑과 자비와 절제가 병행되지 않으면 안 됩니다.

　우리의 삶 가운데 다툼이 있어서는 안 됩니다. 사도 바울은 이렇게 이야기하고 있습니다. "마땅히 주의 종은 다투지 아니하고, 모든 사람을 대하여 온유하며, 가르치기를 잘하며, 참으며, 거역하는 자를 온유함으로 징계할지니, 혹 하나님이 저희에게 회개함을 주사 진리를 알게 하실까 하며"(디모데후서 2:24-25).

　다툰다는 것은 곧 분노라는 부정적인 감정이 내재해 있다는 것을 말해 줍니다. **마땅히** 주의 종은 다투지 않아야 합니다. 목소리를 높이는 것은 온유하지 못합니다. 따라서 화가 나려고 할 때 우리는 한 발짝 뒤로 물러서서 냉정을 되찾고 지혜를 구해야 합니다.

　자제력을 잃고 곧잘 화를 터뜨리곤 하는 영역에 대해서는 구체적인 계획을 세워 그것을 고칠 수 있습니다. 특별 기도 제목으로 삼아 하나님 앞에 가지고 나갈 수도 있으며, 인내심에 관한 말씀을 암송할 수도 있고, 가까운 친구에게 부탁해 그럴 경우에 당신의 반응을 통제해 주도록 할 수도 있습니다.

　인간관계에서 갈등과 마찰이란 늘 있게 마련인데, 그러한 상황에서 화를 내며 다투는 것과 그것을 건설적으로 해결하는 것은 전적으로 다른 문제입니다. 갈등과 마찰을 건설적으로 해결하는 것은 철이 철을 날카롭게 하고, 사랑 안에서 참된 것을 말하며, 분을 내어도 죄를 짓지 않으며, 다른 사람들을 세워 주며, 빛 가운데 행하는 한 과정입니다(잠언 27:17, 에베소서 4:15,16,26, 요한일서 1:7 참조).

우리의 삶에서 갈등이 생기고 또 그 갈등을 해결하는 일은 매일과 같이 있을 수 있는 일입니다. 그것은 디모데후서 2:25에서 말하는 온유함으로 권면하고 징계하는 과정의 한 부분입니다. 너무나 많은 사람들이 일단 사태가 진정되고 나면 그들의 분노를 쓸어 모아 쓰레기통에 넣어 둡니다. 그러나 그 쓰레기가 점점 쌓여 감에 따라 끝내는 사랑이 질식을 당하고 맙니다. 그래서 나중에는 건드리기만 해도 곧 폭발하게 되는데, 이는 우리가 계속해서 쌓아 오며 어두움 속에서 키워 오고 있는 줄조차도 모르고 키워 왔던 분노가 마음속 깊이 자리를 잡고 있기 때문입니다.

우리는 분노를 유발할 수 있는 상황을, 갈등과 마찰을 건설적으로 해결하는 장으로 이용할 수가 있습니다. 나의 남편은 대개 6시쯤이면 일을 마치고 집에 돌아오는데, 나는 그 시간에 맞춰 저녁 식사를 할 수 있도록 노력합니다. 수년 전 어느 날 저녁, 찬거리 사기도 빠듯한 형편인데도 불구하고 나는 좀 무리를 해가면서까지 남편이 좋아하는 불고기, 구운 감자, 애플파이 등을 준비했습니다. 식탁에 촛불까지 켜는 등 한껏 기분을 냈습니다.

불고기는 정각 6시에 식탁 위에 올려놓았습니다. 그러나 정작 남편은 오지를 않았습니다. 6시 30분이 되고 7시가 지났습니다. 7시 30분이 되어 고기는 다 식어 버리고 내 마음만 달아올랐습니다! 나는 화가 나기도 했지만 한편으로는 걱정도 되었습니다. 7시 45분이 되어서야 남편은 바람처럼 나타나, 백화점에 들러 뭘 좀 사다 보니 늦어졌다고 말하는 것이었습니다. 머리끝까지 화가 치밀어 올랐습니다. 그의 이러한 행동은 그가 나의 시간과 감정, 또 그렇게 수

고해서 준비한 불고기에는 조금도 관심이 없다는 것을 나타낸다고도 볼 수 있었습니다.

여기에서 나는 선택을 해야 했습니다. 분노를 발하든지, 아니면 이 상황을 이용해 우리 집에서 상호 존중하고 배려해 주는 데 합당한 행동이 어떤 것인지 분명하게 해두든지 하는 것이었습니다. 나는 두 가지 다 택했습니다. 그러나 화를 낸 것은 아무 유익도 되지 않았습니다.

분노와 다툼을 해결하기 위해서는 자제력이 필요합니다. 감정적인 사람일수록 자제력을 잃을 때는 한 발짝 뒤로 물러서서 참으며, 자제력을 다시 찾아야 합니다. 또한 사태를 악화시키는 말이나 퉁명스런 말은 하지 말아야 합니다. 그리고 몇 가지 기억해 두어야 할 원칙이 있는데, 말하자면 주제에서 벗어나지 말 것, 지혜롭게 말할 것, 상대방의 관점에서 볼 것, 기꺼이 타협도 하고 자기 생각을 바꾸기도 할 것 등등입니다. 이렇게 함으로써 상대방과 그 상황을 보다 더 잘 이해하고 상호 건설적인 해결책에 도달하도록 해야 합니다.

몇 가지 구체적인 질문과 지침이 도움이 될 것입니다.

1. 내가 화를 내고 다툴 만한 타당한 이유가 있는가? 나는 실제로 무엇에 대해 화가 나 있는가? 단지 몸의 상태가 좋지 않아 발생한 저기압으로서 내일이면 사라질 문제는 아닌가? 나 자신만을 생각하는 데서 생긴 문제는 아닌가?

이것은 '어리석고 무식한 변론'은 혹 아닌가? 바울이 디모데에게 준 경고에 귀를 기울여 보는 것도 지혜로울 것입니다. "어리석고 무식한 변론을 버리라. 이에서 다툼이 나는 줄 앎이라. 마땅히 주의 종은 다투지 아니하고"(디모데후서 2:23-24).

잠깐 멈추어 스스로 다음과 같은 질문을 해보면 우리가 당하는 문제의 반 정도는 저절로 해결될 것입니다. '이것은 결론을 얻을 수 있는 변론인가, 아니면 어리석고 무식한 변론인가?' 해결이 불가능한 문제라면 대개 어리석고 무식한 변론이라고 볼 수 있을 것입니다(예를 들어, 어떤 교리에 대한 상반된 견해라든가, 한쪽 또는 양쪽이 다 합리적으로 생각하려고 들지 않는 경우). 서로 의견이 다르다 할지라도 모든 사람으로 더불어 화평하며 살 수 있기 위해서는 은혜가 필요합니다.

2. 양쪽이 다 무엇이 문제가 되는지를 알고 있는가? 각자는 상대방이 만족할 만큼 그 문제를 이해하고 있는가?

나는 아내가 남편에 대해서 이렇게 이야기하는 것을 수없이 들어왔습니다. "그인 내 기분이 어떤지를 좀 알아야 해요!" 특히 여성들은 그들의 느낌, 소원, 고통 등을 알아들을 수 있는 말로 설명은 하지도 않으면서 남편들이 그들의 느낌, 소원, 고통 등에 대해서 잘 알고 반응을 보여 주어야 한다고들 믿는 데 선수들인 것 같습니다. 우리의 필요가 무엇이며, 어떻게 느끼며, 상대방의 말과 행동에 대해 어떻게 생각하는지를 밖으로 표현함으로써 '사랑 안에서 진실을 말하기만' 하면, 많은 문제들이 해결될 것입니다.

예를 들어, 아내는 남편에게 다음과 같이 이야기할 수 있을 것입니다. "제가 보기에 문제는 당신이 우선순위를 어디에 두고 시간을 사용하느냐 하는 거예요. 저는 당신이 적어도 일주일에 하루 저녁은 가족들과 함께 보내 주는 것이 중요하다고 생각해요. 무슨 일이 있기만 하면 그 시간을 내주지 않기 때문에, 저는 당신이 그 시간을 별로 대수롭지 않게 생각하는 걸로 여겨져요. 당신의 말은 그 시간을 융통성 있게 잡아 놓고 무슨 일이 생길 경우에는 나중에 갖기로 하겠다는 이야기지요? 맞나요?"

3. 내가 원하는 것과 필요로 하는 것들이 무엇인지 분명하게 이야기 했는가? 위에 든 예와 같은 경우, 아내는 이렇게 말할 수 있을 것입니다. "당신에게 지장이 없다면 이렇게 함께 시간을 보내는 것이 저와 애들에게는 대단히 중요한 일로 생각돼요. 그 말은 곧 그 시간에는 수화기를 내려놓는다든가, 밖에 나가 외식을 한다든가 하자는 것이지요. 저는 당신과 함께 그 시간에 대한 계획을 세우고 실천했으면 좋겠어요. 어떻게 생각하세요?"

4. 피차 합의점에 이르기까지 이야기하고 타협하십시오.

5. 오래 질질 끌지 마십시오. 사도 바울은 "해가 지도록 분을 품지 말고 마귀로 틈을 타지 못하게 하라"(에베소서 4:26-27)고 충고합니다. 설사 같은 얘기를 여러 차례에 걸쳐 되풀이 얘기하는 일이 있더라도, 24시간을 넘기지 말고 그 문제를 해결하도록 하십시오. 현격한 의견 차이가 있을 경우에는 최대한 가까운 시일 안에 시간을 정해 다시 그 문제에 대해서 토의하기로 합의하고 이야기를 끝내십시오.

물론 우리는 몇 분에서 때로는 몇 시간에 이르기까지 충분한 시간을 두고 한 발짝 뒤로 물러서서 그 상황을 지켜보며 이해하려고 노력하되 유머를 잃지 않는 여유가 있어야 합니다. 나는 우리 많은 사람들이 이렇게 기도해야 할 필요가 있다고 생각합니다. "주님, 웃음을 잃지 않도록, 특별히 내 자신에 대해서 웃음을 잃지 않도록 도와주시옵소서."

19세기의 한 설교자가 말했던 경구가 하나 있습니다. "화가 날 때는 열심히 이야기를 하십시오. 그러면 당신은 평생을 두고 후회할 멋진 명연설을 하게 될 것입니다."

성장해 나가고 있는 그리스도인이라면 삶 가운데 점점 더 자제력을 발휘함으로 화를 내는 일이 줄어들어야 합니다. 성장의 한 표지가 바로 여기에 있습니다. 즉, 화를 참으며, 다른 의견들을 수용하며, 문제를 다루고 해결하는 능력에서 자라 감으로써 성령의 열매인 절제의 성품을 나타내 보이는 것입니다.

"내가 주의 증거에 밀접하였사오니, 여호와여, 나로 수치를 당케 마소서"(시편 119:31).

✤ 적용을 위한 성경공부 ✤

1. 다음 구절들이 당신의 분노에 대해서 가르쳐 주는 것은 무엇입니까?
   - (가) 시편 4:4
   - (나) 잠언 29:22
   - (다) 전도서 7:9
   - (라) 고린도전서 13:4-5
2. 다음 구절들은 다른 사람들의 분노에 대해서 무엇을 가르쳐 줍니까?
   - (가) 잠언 15:1
   - (나) 잠언 22:24
3. (가) "노하기를 더디 하라"는 말의 의미는 무엇이라고 생각합니까?
   - (나) 지난 두 주간 동안 당신을 화나게 했던 것은 무엇입니까?
   - (다) 당신은 쉽게 화를 냈습니까, 아니면 더디 냈습니까?
   - (라) 이에 대해서 당신은 구체적으로 어떻게 하겠습니까? 시편 131:2-3을 참조하십시오.
4. 골로새서 3:8과 야고보서 1:19-20을 암송하십시오. 이 말씀을 가지고 당신이 쉽게 화를 내게 되는 사람에 대해 기도하십시오.

7. "주님, 나로 생각하게 도우소서!"

사려 깊음에 대하여

엘리베이터가 왁자지껄 웃고 떠드는 한 무리의 부부들을 실어, 온 시내가 한눈에 내려다보이는 맨 위층 식당 앞에 토해 냈습니다. 커피와 디저트가 나오기를 기다리면서 우리는 저 아래 멀리 가물거리는 불빛들을 내려다보고 있었습니다.

"어머나, 이렇게 내려다보고 있으니 좀 어찔어찔하네요"라고 한 부인이 말했습니다.

그러자 마치 기다리고나 있었다는 듯이 그녀의 남편이 대꾸했습니다. "아니 여보, 그걸 말이라고 해? 꼭대기 층이니까 당연하지."

결혼 생활에 대한 세미나를 하다 보면 참으로 실망이 되는 때가 있습니다. 경박한 말을 주제로 해서 함께 이야기를 나눈 것이 불과 두 시간 전이었습니다. 그 남편이 하는 말을 듣고 있을 때, 내 마음 판에서 깜빡이는 신호가 하나 있었습니다. 거기에는 '사려 깊지 못함'이라고 쓰여 있었습니다.

사려 깊다는 말은 말하고 행하는 데 있어서 조심스럽고 주의 깊은 것을 의미합니다. 사려 깊다는 것은 달리 말해, 생각이 깊다, 신중하다, 조심스럽다, 분별력 있다, 용의주도하다, 예의 바르다는 의미입니다. 경박함은 이 어느 것하고도 거리가 멉니다.

나는 사려 깊다는 말은 언제 말을 하고 어느 때 입을 다물지를 아는 것이라고 정의하고 싶습니다.

다윗은 시편 39:1에서 재미있는 말을 하고 있습니다. "내가 말하기를, 나의 행위를 조심하여 내 혀로 범죄치 아니하리니 악인이 내 앞에 있을 때에 내가 내 입에 재갈을 먹이리라." 이 구절을 읽을 때 한 특이한 광경이 내 머리를 스치고 지나갔습니다. 한 무리의 사람들이 정장을 하고 어떤 방 안에 둘러서 있었습니다. 이들 가운데 분위기와는 전혀 어울리지 않는 듯한 차림새를 한 사람들이 군데군데 눈에 띄었습니다. 나는 자세히 들여다보았습니다. 이상한 차림새란 바로 그들이 쓰고 있는 입마개였습니다! 나는 그들이 함부로 말하는 버릇이 있기 때문에 그런 벌을 받고 있는 것은 아닌가 하는 생각이 들었습니다. 그러나 그것을 쓴 그들의 자세는 기품이 서려 있었고 의젓함이 엿보였습니다. 그제야 나는 이것들이 그들 스스로 한 입마개로서 언제라도 벗어 버릴 수 있는 것이라는 것을 깨달았습니다. 그 사람들은 늘 신중하게 생각하는 사람들로서 옳지 못한 때 옳지 않은 것을 말하지 않는 사람들이었습니다. 그때 나는 이렇게 기도했습니다. "주님, 제게 지혜와 용기를 주셔서 제 입에 재갈을 물릴 수 있게 하옵소서."

사려 깊은 사람은 그의 입술을 지키며, 혀를 제어하며, 입에 재갈을 물립니다. 그런 사람에게는 세 가지의 좋은 자질이 갖추어져 있습니다. 즉, 말하기 전에 생각하며, 어느 때 입을 다물고 있어야 할지를 알고, 또 언제 말을 해야 할지를 압니다.

말하기 전에 생각하는 것은 잠언에서 가장 강조되고 있는 사항인 것 같습니다. 입을 열기 전에 우리는 반드시 대답할 말을 깊이 생각해야 합니다. "의인의 마음은 대답할 말을 깊이 생각하여도 악인의 입은 악을 쏟느니라"(잠언 15:28). 천칭의 한쪽 편에는 "이것은 인자하고 진실한 말인가?", 다른 한쪽 편에는, "이것은 꼭 해야 될 말인가?" 하는 질문을 올려놓아야 합니다. 하나님의 저울에 말을 올려놓지 않음으로써 우리는 말하지 않아야 될 것을 말하거나, 보다 더 지혜롭게 말하지 못하게 됩니다.

우리는 말할 때도 주의 깊게 생각해서 해야 될 뿐 아니라, 행할 때도 생각을 해서 해야 됩니다. "어리석은 자는 온갖 말을 믿으나 슬기로운 자는 그 행동을 삼가느니라"(잠언 14:15). 다시 말해, 사려 깊은 사람은 말하기 전에는 물론 행동에 옮기기 전에도 생각합니다.

잠언 11:22은 우리 여자들이 참으로 깊이 새겨들어야 할 말씀입니다. "아름다운 여인이 삼가지 아니하는 것은 마치 돼지 코에 금고리 같으니라." 에베소서 5:4에도 말을 삼가서 해야 된다고 이야기하고 있습니다. "누추함과 어리석은 말이나 희롱의 말이 마땅치 아니하니, 돌이켜 감사하는 말을 하라." 우리는 참으로 마땅치 않은 말을 하는 경우가 많습니다. 올바르지 못한 때 올바르지 못한 것을 말하거나, 때로는 올바른 것이라 할지라도 말해서는 안 될 때 이야기하는 것입니다.

어떤 유명 인사가 대담에서 이런 이야기를 했습니다. "제가 그 어느 것보다 정말로 가지고 싶은 자질이 하나 있는데, 그것은 남편이나 다른 사람들을 향해, 또 어떤 경우에 처해서도, 제가 뭘 말해야 할지를 먼저 생각하고, 느끼고, 이해하고, 알기 전에는 함부로 입을 열지 않는 것입니다. 그 즉시 생각나는 대로 말을 뱉는 것이 아니라 사려 깊게 생각하여 말을 하는 사람이 되고 싶습니다."

소방관인 프랭크 씨가 총기 사고 신고를 받고 출동했던 일에 대해서 들려준 이야기가 있습니다. 그와 그의 동료가 사고 현장에 도착했을 때 경찰은 아직 와 있지 않았습니다. 그것이 살인 사건이라는 신고를 받았지만, 프랭크 씨는 조심스레 아파트 안으로 들어가 보았습니다. 한 사람이 복도에 나자빠져 있는 것이 보였습니다. 한참 후 시체가 치워지고 난 뒤, 프랭크 씨는 그 아파트의 소유주와 몇 마디 이야기를 나눴습니다. 그 사람은 잔뜩 약이 올라 불평해 대는 것이었습니다. "새로 깐 카펫에다 온통 피를 적셔 놓았잖아, 이 거! 에이 신경질 나! 죽여 버릴까 보다!"

프랭크 씨가 터지는 웃음을 참으려고 애쓰자, 그 사람도 자기가 한 말이 어처구니가 없었다는 듯이 계면쩍게 씩 웃었습니다.

대학 때 방을 함께 써서 나를 잘 알고 있는 에스더라는 친구가 이런 인용구를 편지에 적어 보내 왔습니다. "말주변이 좋은 사람의 가장 큰 골칫거리는 바로 그 말주변이다."

우리는 생각을 해야 합니다!

또한 우리는 어느 때 입을 다물어야 할지 알아야 합니다. 때로는 아무것도 말하지 말아야 할 때도 있습니다.

나는 한 꼬마에 대한 이야기를 즐겨 하곤 합니다. 이웃에 사는 친구가 죽었다고 그 집에 다녀오는 꼬마에게 아버지가 물었습니다.

"거긴 왜 갔었니?"

"걔네 엄마를 위로해 드리려고요."

"그래, 어떻게 위로해 드렸니?"

"걔네 엄마 무릎에 올라가서 함께 울었지 뭐."

그 아이는 누가 가르쳐 주지 않았어도 입을 다물어야 할 때를 알았던 것입니다.

때로 우리는 뭔가 말하지 않고는 배기지 못하는 경우도 있는 것 같습니다. 그것은 의식적으로 또는 무의식적으로 다른 사람들에게 좋은 인상을 주고 싶은 욕구에서 비롯되는 것 같습니다. 내가 수년 전에 쓴 글을 하나 소개합니다.

또다시 같은 짓을 되풀이해
면목이 없습니다, 주님.
몇몇 그리스도인들과 함께 식탁에 둘러앉아
교제를 나누었는데,
나중에야 내 마음속에는
좋은 인상을 주고 싶은 욕구가
숨어 있었다는 것을 알았습니다.
물론 마음에 없는 이야기는 하지 않았습니다.
우리는 주님에 대해 나누었고,
그것은 참으로 좋은 일이었습니다.
그러나 내 마음 한쪽 구석 어디엔가는
마음속에서 넘쳐흘러 나오는 것들을
나누기보다는
'넘쳐흐르는' 그 마음으로
다른 이들에게 좋은 인상을 주고 싶은
욕구가 있었습니다.
저를 용서해 주십시오, 주님!
주님께서 제게 말하라고 하시기 전까지는
입을 다물 수 있도록 도와주시옵소서.

나는 지식과 명철을 구비한 여인이 되기를 원합니다. 그런 사람에게 나타나는 특징은 어떤 것인지 아십니까? "말을 아끼는 자는 지식이 있고, 성품이 안존(安存)한 자는 명철하니라. 미련한 자라도 잠잠하면 지혜로운 자로 여기우고, 그 입술을 닫히면 슬기로운 자로 여기우느니라"(잠언 17:27-28). 이 말씀을 보면, 우리 할머니께서 하시던 말씀이 생각납니다. "입을 열어 속 시원하게 털어놓는 것보다도 오히려 입에 재갈 물린 바보가 되는 게 더 낫다."

나도 입을 다물고 있어야 할 때인지 아닌지를 분간하는 데 어려움을 겪고 있는 사람입니다. 사람들이 입을 다물고 있으면, 나는 괜히 마음이 불편해지고 나라도 말을 하지 않으면 안 되겠다고 생각하게 됩니다.

나는 남편이 주례를 맡은 어떤 결혼식에 가서 있었던 일을 결코 잊을 수 없을 것입니다. 우리는 서둘러 일찌감치 신랑 집에 도착해 커다란 거실로 안내되었는데, 거기에는 이미 스무 명가량의 친지들이 와 있었습니다. 우리는 의자를 둥그렇게 둘러놓고 앉았습니다. 그런데 갑자기 침묵이 흐르기 시작하더니 그런 분위기가 마냥 계속되었습니다.

그래서 나는 입을 열어 이야기하기 시작했습니다. 나는 라디오처럼 떠들어 댔습니다. 남편의 못마땅해하는 시선이 의식되었지만, 그럴수록 나는 더 마음이 차분하게 가라앉질 못하고, 더욱 쉴 새 없이 입을 놀렸습니다. 드디어 그 지루하게 여겨졌던 시간이 지나 우리는 각자 차에 올라 교회로 향했습니다.

남편은 운전대를 잡고 앞쪽만 똑바로 응시한 채 아무 말이 없었습니다.

결국 내가 그 침묵을 깨뜨렸습니다. "당신, 내가 너무 수다를 떨었다고 생각하시는 거죠?"

"그렇소."

"그렇지만, 아무도 이야기를 하려고 하는 사람이 없었잖아요. 나는 그 사람들의 마음을 편안하게 해주려고 그랬던 거예요." 나는 내 생각을 말했습니다.

그러자 남편은 이렇게 대답했습니다. "여보, 그들은 다 마음이 편안했어요. 마음이 편안하지 못했던 사람은 바로 당신이었소."

남편은 참으로 현명했으며 그의 말은 절대적으로 옳았습니다. 그곳 사람들은 이미 서로를 잘 알고 있어 아무 말 없이 앉아 있을지라도 마음이 편했던 것입니다. 나는 스스로 수다쟁이가 될 필요가 없이 그들을 가만히 있게 버려 두었어야만 했습니다.

이 경우 내가 무슨 못할 말을 했다고는 생각하지 않습니다. 그러나 잠언 10:19에서는 이렇게 경고하고 있습니다. "말이 많으면 허물을 면키 어려우나 그 입술을 제어하는 자는 지혜가 있느니라."

우리는 조용히 입을 다물고 있는 것을 배워야 합니다.

끝으로 우리는 어느 때 말해야 할지를 배워야 합니다. 시편 39:2에서 다윗은 이렇게 한탄했습니다. "내가 잠잠하여 선한 말도 발하지 아니하니 나의 근심이 더 심하도다."

사려 깊다는 것은 또한 합당한 것들을 말하고 행하는 것을 의미합니다. 나는 한때 단지 어떤 것이 '합당하기' 때문에 그것을 해야 된다는 생각을 좋아하지 않았습니다. 그러나 어느 날 성경을 읽던 중에 하나님께서는 그 태도를 바꾸어 주셨습니다.

예수님께서 세례 요한에게 세례를 받으러 나오셨을 때, 요한은 황송해하며 머뭇거렸습니다. 그는 자신이 예수님의 신들메를 풀기에도 합당치 못한 사람임을 잘 알고 있었던 터라, 하물며 예수님께

세례를 준다는 것은 생각조차 할 수 없었던 것입니다. 그가 머뭇거리자 예수님께서는 이렇게 말씀하셨습니다. "이제 허락하라. 우리가 이와 같이 하여 모든 의를 이루는 것이 합당하니라"(마태복음 3:15). 이에 요한이 동의했습니다.

예수님께서 요한으로 하여금 자신에게 세례를 주게 하셨던 것은 그렇게 하는 것이 합당했기 때문이었습니다. 예수님 자신이 이처럼 합당한 일 행하기를 중요하게 생각하셨을진대, 우리는 더 말할 필요도 없을 것입니다.

문화권에 따라서 관습이 다르기 때문에, 다른 나라에 가서는 그곳에 '합당한' 것들을 배우지 않으면 안 됩니다. 한 저명한 선교사가 중동에 나가서 하마터면 아무 일도 하지 못하고 되돌아올 뻔한 일이 있었습니다. 그 이유는 연단에 앉을 때 다리를 꼬고 앉아 맞은편에 앉아 있던 한 지체 높은 사람에게 신발 바닥을 보였기 때문입니다. 그곳에서 이러한 행위는 바로 경멸심을 나타내는 표시인데, 그 선교사는 그것을 몰랐던 것입니다.

우리 딸과 사위는 멕시코에서 선교 사역을 하고 있습니다. 그들은 껴안아 주어야 할 사람, 악수를 두 번씩 해주어야 할 사람, 특별한 키스를 해주어야 할 사람이 각각 누구인지, 또 어느 때 그렇게 해야 하는지 배우지 않으면 안 되었습니다. 크리스마스 때는 특별한 키스와 포옹을 하는 것이 그 나라 사람들의 관습이었습니다. 만일 이것들을 무시하면 차가운 사람이라고 알려지는 것이었습니다.

옳고 합당한 것을 말하고 행하는 데는 신중한 분별력이 요구됩니다. 간소한 삶의 방식을 지향한답시고 예배를 드리러 가는데 옷을 아무렇게나 걸치고 가도 되는가? 주일날에는 뭘 사 먹어서는 안 된다고 굳게 믿고 있는 사람과 일하고 있는데, 내게는 그런 확신이 없다고 그를 전혀 개의치 않아도 되는가? 해외에 나가 어떤 성당을 방문했을 때, 그 나라에서는 머리에 뭘 쓰는 것이 합당하다고 해서 나도 그들처럼 머리에 뭘 써야 하는가? 여기에 바로 신중한 분별력이 필요합니다.

그리스도의 대사로서 우리는 이 같은 분별력을 대단히 필요로 합니다. 그러한 분별력의 하나는 합당한 것을 필요한 때 말하는 것입니다. 마틴 루터 킹은 이런 말을 했습니다. "이 사회 변혁기의 가장 큰 비극은 악한 사람들이 만들어 내는 불쾌한 소음에 있는 것이 아니라, 선하다고 하는 사람들의 소름끼치는 침묵에 있다고 역사는 기록해야 될 것입니다." 침묵은 흔히 찬성으로 간주됩니다. 따라서 우리의 생각과 다른 것들에 대해서 우리가 가진 확신을 천명하지 않는다면, 그것은 잘못입니다.

야고보는 이렇게 기록했습니다. "이러므로 사람이 선을 행할 줄 알고도 행치 아니하면 죄니라"(야고보서 4:17). 나는 이런 죄를 얼마나 많이 짓고 있는지 모르겠습니다. 마땅히 해야 되는 격려의 말 한 마디를 하지 않는다거나, 애매히 비난받고 있는 형제를 위해 변호해 주지 않는다거나, 어떤 것이 잘못인 줄을 알면서도 진리를 수호하려고 하지 않는 것 등등입니다.

우리는 어떤 것들을 말하라고 명령을 받았거나 권면을 받았습니다. 예를 들어, 우리는 피차 격려하라는 권면을 받았습니다. "사람은 그 입의 대답으로 말미암아 기쁨을 얻나니, 때에 맞은 말이 얼마나 아름다운고"(잠언 15:23). 또 우리는, 교훈을 주며 다른 사람들의 삶 가운데 그리스도를 닮은 인격을 심어 줄 수 있는 아름다운 말을 해야 합니다. 성경은 또한 우리에게 사랑 안에서 참된 것을 말하며 매일 피차 권면하고 격려하라고 이야기합니다.

역사를 통틀어 가장 지혜로웠던 사람 솔로몬은, 말을 할 때가 있는가 하면 잠잠해야 할 때가 있다고 했습니다(전도서 3:7 참조). 그는 또 힘써 아름다운 말을 구하였다고 말했습니다(전도서 12:10 참조). 우리가 직접 보고 듣지 않은 것들에 대해서는 말을 하지 않도록 합시다. 더욱 진실하고 정직한 사람들이 되도록 합시다. 매일 우리의 삶 가운데서 말에 대해 더 많은 것들을 계속해서 배워 나가도록 합시다.

만일 당신이 지금으로부터 2년 혹은 10년 후에 나를 만났는데, 내가 말에 실수를 한다 할지라도, "뭐? 당신이 말에 대해서 책을 썼어?"라고 핀잔을 주지는 마시기 바랍니다. 나도 계속해서 자라는 과정 가운데 있는 사람입니다. 하나님께서는 나의 삶 가운데서 페인트가 벗겨진 곳을 다시 칠하시며, 떨어진 판자에 못질을 하시며, 열심히 손질하셔서 나의 집을 마땅히 살 만한 곳이 되게 하십니다. 나의 삶에 하나님의 힘찬 붓질은 계속되고 있지만, 갈 길은 아직도 멉니다.

내 아들아, 내 지혜에 주의하며 내 명철에 네 귀를 기울여서 근신을 지키며, 네 입술로 지식을 지키도록 하라. (잠언 5:1-2)

✲ 적용을 위한 성경공부 ✲

1. (가) '사려 깊은 사람' 하면 당신의 머릿속에는 무엇이 떠오릅니까?
   (나) 당신은 사려 깊다는 말을 어떻게 정의하겠습니까?
2. 다음 구절들은 우리의 말에 대해서 무엇이라고 말합니까?

(가) 시편 39:1

(나) 잠언 10:19

(다) 잠언 15:28

(라) 잠언 17:27-28

(마) 이 구절들을 이용해 사려 깊은 사람이라면 어떻게 말해야 할 것인지 말해 보십시오.

3. (가) 잠언 14:15을 당신 자신의 말로 쓰십시오.

(나) 이 구절에서 말하고 있는 진리를 당신의 집에서 실천할 수 있는 세 가지 방법을 생각해 보십시오.

4. (가) 잠언 5:1-2에 의하면, 어떻게 근신(사려 깊음)을 지킬 수 있습니까?

(나) 이 근신을 지키기 위해서 이번 주에 당신이 취할 수 있는 조치는 무엇입니까?

8. "어떻게 그렇게 이야기할 수 있죠?"

책망을 주고받는 것에 대하여

남편은 이마를 찌푸리며 입을 열었습니다. "여보, 오늘 저녁에 있었던 일에 대해서 이야기하고 싶은 것이 두 가지 있소."

나는 속으로 움찔했습니다. 뭔가 잘못한 게 틀림없었습니다. 계속된 그의 말이 이것을 분명하게 해주었습니다. "당신은 말을 너무나 빨리 했고, 또 해서는 안 될 농담을 한 게 하나 있소."

순간 울컥하고 치미는 게 있었습니다. 그러나 나는 그것을 삼키며 대답했습니다. "미안해요. 고치도록 노력할게요." 그러나 속으로는 이렇게 말하고 있었습니다. '그건 옳지 않아요. 좋아요, 첫 번째는 그렇다손 쳐요. 사실 나는 말을 너무나 빨리 하는 게 습관이 되다시피 했으니까요. 그렇지만 그런 농담을 한 건 이번이 처음인데, 너무 하잖아요. 내가 늘 그러는 건 아니라는 걸 알면서 그렇게 까다롭게 구실 필요는 없잖아요.'

수십 년이 지난 지금까지도 그 일을 잊지 않고 있는 걸로 보아 그때 나는 참으로 속이 상했었나 봅니다. 그러나 마음속 깊은 곳에서는 그때도 남편이 나를 사랑하며 나를 도와주기 원한다는 것을 알고 있었습니다. 그리고 나 또한 도움을 받기 원하고 있었습니다.

점심 식사를 함께하고 있던 중, 나의 친구는 내 쪽으로 몸을 기울이며 목소리를 낮추어 말했습니다. "캐롤, 내가 어떤 것을 고쳤으면 좋겠다 싶은 그런 것이 있으면 이야기해 주겠어? 나는 뭐든지 기꺼이 들을 마음의 준비가 되어 있어." 그녀의 태도는 사뭇 진지하였습니다.

나는 그녀를 유심히 지켜보았습니다. 그녀의 상냥한 미소, 진지한 얼굴로 보아 그녀의 말은 진심이라는 것을 알 수 있었습니다. 그러나 내 마음 한쪽 구석에는 여전히 '네가 정말로 그러는 거니?' 하는 의혹이 가시지 않았습니다. 이와 더불어 내가 지내온 날들을 되돌아보니 이런 의문이 생겼습니다. 내가 친구나 사랑하는 사람에게 그런 말을 할 때면 진심이었는가?

사랑하는 사람들로부터 지적을 받는다는 것은 참으로 어려운 일인 것 같습니다. 의식적으로 또는 무의식적으로 우리는 이렇게 생각합니다. '나에게서 그처럼 추한 것들을 봐 왔다면, 그들은 틀림없이 나를 좋아하고 있지 않다는 말이다. 그들이 나를 좋아하지 않는데, 어떻게 내가 바라는 대로 나를 사랑해 줄 수 있겠는가?'

지적에 대해서 우리는 어떻게 생각해야 합니까? 어떻게 지적을 받으며 또 어떻게 지적을 할 수 있습니까? 긍휼(자비)을 베푸는 데 은사(로마서 12:8 참조)가 있는 사람들은 될 수 있는 대로 대립과 마찰을 피하려고 하는 것을 봅니다. 긍휼(자비)을 베푸는 것은 훌륭한 은사이지만, 그 은사를 가진 사람들이 다른 사람들을 지적하고 징계하고 교정해 줄 수 있기 위해서는 특별한 은혜가 필요합니다. 반면, 이처럼 다른 사람들을 지적하고 책망하는 데 아무런 어려움도 느끼지 않는 듯한 사람들이 있습니다. 이 같은 능력을 훈계의 은사라고 부르는 사람들이 있는가 하면, 타고난 기질이나 민족성의 문제로 돌리는 사람들도 있습니다. 또 아무런 감정의 동요도 없이 책망을 하기도 하고 또 책망을 받을 수 있는 사람들도 있습니다.

많은 교회가 책망을 주고받는 이것을 소홀히 여기고 있습니다. 그런가 하면 이것을 남용하는 그리스도인들도 있습니다. 이에 대해서 하나님께서는 구체적인 지침을 주시며, 어떻게 그리고 왜 책망을 주고받아야 하는지에 대해서 많은 말씀들을 주고 계십니다.

내가 아는 어떤 사람은 직원 중 하나가 맡은 일을 잘하지 않고 있어 이에 대해 그에게 이야기해야겠다고 생각했습니다. 그는 그 직원이 갖가지 변명들을 늘어놓을 거라는 것을 알고 있었습니다. 마침 두 사람 다 그리스도인이었기에 그는 그 직원을 자기 방으로 불러 이렇게 이야기했습니다. "존, 잠언 15:31-32을 같이 한번 읽어 보세나. '생명의 경계를 듣는 귀는 지혜로운 자 가운데 있느니라. 훈계받기를 싫어하는 자는 자기의 영혼을 경히 여김이라. 견책을 달게 받는 자는 지식을 얻느니라.' 나는 자네가 훈계를 받기 싫어하는 어리석은 사람이 아니라고 믿네. 그래서 자네에게 한 가지 이야기를 하려고 이렇게 자네를 불렀네."

이것이 가장 훌륭한 접근 방법은 아니었는지도 모르겠습니다. 그러나 효과가 있었습니다.

책망을 받을 때, 해야 될 것들과 해서는 안 될 것들을 몇 가지 살펴보기로 하겠습니다. 어떤 사람이 우리의 삶 가운데서 발견한 문제를 가지고 우리에게 왔을 때 우리는 어떻게 해야 합니까?

우리도 그들에게서 봤던 모든 문제들을 다 들추어내야 될까요? 그래서는 안 됩니다! 우리는 입을 다문 채 경청해야 합니다.

짐은 몇 주일 전부터 기도해 오며 그의 동료 프랭크의 삶에서 관찰한 것들을 이야기해 줄 기회를 찾았습니다. 드디어 기회를 찾아

이야기하게 되었는데, 짐이 입을 열자마자 프랭크도 짐에게서 발견했던 문제들을 가지고 짐을 맹렬하게 비난하기 시작했습니다.

짐은 프랭크의 말을 가로막으며 물었습니다. "그런데, 잠깐, 자네는 언제부터 나에게서 이런 것들을 봐왔나?"

프랭크는 화를 내며 대답했습니다. "글쎄, 못 돼도 6개월은 되었을 것이네."

"그렇다면 오래 전에 자네가 먼저 그것들에 대해서 내게 와 이야기했어야 될 거 아닌가? 그랬더라면 내가 들었을 게 아닌가? 그렇지만 지금은 내 마음에 있었던 것을 자네에게 이야기하기 위해 마련한 자리가 아닌가?"라고 짐이 대답했습니다.

짐이 옳았습니다. 그는 프랭크의 분노가 방어의 연막이라는 것을 알았습니다. 다시 말씀드리지만, 우리는 입을 다물고 경청해야 합니다.

그러나 우리에게 필요한 것은 그것만이 아닙니다. 책망을 받을 때 우리에게는 다음과 같은 태도가 필요합니다.

  겸손하게
  열린 마음으로
  기도하면서
  보복하지 않고 인내함으로

어렵다고요? 물론이지요. 우리 안에 거하시는 성령의 도우심이 없이는 사실 불가능한 일입니다.

나는 몇몇 부인들과 함께 몇 주간에 걸쳐 깊이 있게 성경공부를 해오고 있었습니다. 나는 그들에게 큰 기대를 가지고 있었는데, 어느 날 그중에 한 사람이 내게 전화를 했습니다.

"캐롤, 두 사람은 성경공부를 그만두겠다나 봐요." 그녀가 말했습니다.

"아니, 왜 그런대요?" 나는 놀라서 물었습니다.

"당신 때문이지요. 당신이 그들에게 겁을 주니까요." 그녀가 대답했습니다.

나는 옆에 있는 의자에 털썩 주저앉으며 가까스로 물었습니다. "내가 그들에게 어떻게 겁을 준단 말인가요?"

"당신은 노려보는 듯한 시선으로 그들을 향해 단도직입적으로 질문들을 던지지요. 당신은 그들을 심히 불편하게 해요."

전화를 끊고 나자 분노와 고통과 좌절감이 몰려들었습니다. 그런 가운데 하나님께서 나의 마음에 떠오르게 해주신 말씀들이 있었습니다.

> 거만한 자를 책망하지 말라. 그가 너를 미워할까 두려우니라. 지혜 있는 자를 책망하라. 그가 너를 사랑하리라. 지혜 있는 자에게 교훈을 더하라. 그가 더욱 지혜로워질 것이요. 의로운 사람을 가르치라. 그의 학식이 더하리라. (잠언 9:8-9)

> 마음이 지혜로운 자는 명령을 받거니와, 입이 미련한 자는 패망하리라. (잠언 10:8)

> 미련한 자는 자기 행위를 바른 줄로 여기나, 지혜로운 자는 권고를 듣느니라. (잠언 12:15)

> 아비의 훈계를 업신여기는 자는 미련한 자요, 경계를 받는 자는 슬기를 얻을 자니라. (잠언 15:5)

나는 기도했습니다. "하나님 아버지, 저를 도와주시옵소서. 이것 때문에 마음이 아픕니다. 하도 터무니없는 책망이라 어찌할 바를 모르겠습니다. 제가 그들에게 그처럼 겁을 주었다니 정말 알 수 없는 일입니다. 그러나 저는 그 책망을 받아들임으로 배우기를 원하며 그만큼 성장하기를 원합니다. 따라서 마음이 아플지라도 이것을 인해 감사를 드립니다."

거만한 자나 입이 미련한 자가 되기를 원하는 사람은 아무도 없을 것입니다. 누구나 진정 지혜롭고 의롭고 슬기로운 사람이 되기를 원합니다. 그러기 위해서는 '경청하며,' 가르침을 잘 받는 태도와 주의 깊은 생각 가운데 기꺼이 책망을 받아들여 자신의 삶에 적용해야 합니다(잠언 4:13, 23:12, 24:32, 29:1 참조). 여기에 겸손하게 열린 마음과 기도 가운데 인내하는 것이 필요합니다.

좋습니다. 말씀하세요. 듣겠습니다. 그러나 전혀 얼토당토않은 말인 경우에는 어떻게 하지요?

그럴지라도 우리의 반응은 똑같아야 합니다. 잘못된 책망인 경우, 나중에 어떻게 대처하느냐 하는 데는 차이가 있을지 몰라도, 받는 태도는 똑같아야 합니다. 다 듣고 난 다음에 이런 식으로 말해야 하는 것입니다. "제게 그렇게 이야기해 주시니 감사합니다. 이에 대해서 기도하고 더 깊이 생각해 보도록 하겠습니다."

그 사람의 말이 사실일 수 있다는 것을 알아야 합니다. 바로 이 이유 때문에 겸손이 중요한 것입니다. 우리는 열린 마음으로 책망을 받아들여 주님 앞에 가지고 나가 기도해야 합니다. "주님, 이 책망에 일리가 있다면 그것을 제게 보여 주시고, 저를 변화시켜 주옵소서. 그렇지 않다면, 그렇지 않다고 제게 말씀해 주셔서 그 책망에 대해서 잊어버리며 저를 책망한 그 사람을 용납할 수 있게 하소서."

그 성경공부에 관한 전화를 받고 기도하면서 깊은 영혼의 탐구가 시작되었습니다. 나는 나를 지으신 분께 내 자신을 내맡기지 않고는 나를 변화시키고자 하는 몸부림이 아무 소용 없으며, 이전에는 깨닫지 못했던 잘못을 인정하는 것도, 내 마음을 아프게 한 사람을 사랑하는 것도, 성품 계발을 위해 애써 기도하는 것도, 또 아무리 노력한다 할지라도 나를 좋아하지 않는 사람이 있다는 사실을 받아들이는 것도 불가능하다는 사실을 깨닫게 되었습니다. 이것은 특히 우리 여자들이 배워야 할 대단히 중요한 교훈이었으며, 한 번에 배우는 것이라기보다는 계속해서 배워 나가야 할 것이었습니다.

만일 하나님께서 그 책망이 전적으로 잘못된 것임을 보여 주실 경우에는 지혜와 총명을 주시도록 기도한 후, 그 사람을 만나 함께 이야기해 보는 것도 좋습니다. 아니면 용서하고 잊어버릴 수도 있습니다. 하나님께서 당신의 방패가 되신다는 것을 잊지 마십시오.

내가 아는 경건한 사람들 가운데 결코 자기 방어를 하지 않기로 작정하고 행했던 두 사람이 있습니다. 두 사람 다 얼토당토않게 심한 비난을 받은 적이 있었습니다. 그러나 그들은 하나님께서 그들의 방패가 되신다는 사실을 믿고 그것을 하나님의 손에 맡겼습니다.

이제 책망을 하는 것에 대해서 생각해 보기로 합시다. 성경은 우리에게 "피차 가르치며 권면하라"고 말합니다(골로새서 3:16). 그러나 이 말씀을 따라 살고 있는 사람은 얼마 되지 않습니다. 우리는 사랑으로 말하라고 하는 것만 강조하는 나머지 사랑 안에서 참된 것을 말해야 된다는 사실은 소홀히 하고 있는 것입니다.

나는 비교적 활달하고 덤벙이는 편이며, 사랑과 용납을 받아야 하며, 약간은 불안정하며, 약점들이 있다는 것을 스스로 알고 있습니다. 따라서 피차 가르치며 권면하라는 말씀과는 씨름을 하게 됩니다. 하나님께서 내 마음에 누군가에게 권면이나 책망을 하라고 알려 주실 때 속으로 씨름을 하는 것입니다. 나는 빠져나가려고 몸부림칩니다. 할 수만 있으면 피하려고 합니다. 그러나 기도를 빠뜨리지 않습니다. 바로 그것이 비결입니다.

이 주제에 대해서 성경에서 보여 주고 있는 가장 좋은 방법들 가운데 하나는 갈라디아서 6:1에 있다고 생각합니다. "형제들아, 사람이 만일 무슨 범죄한 일이 드러나거든 신령한 너희는 온유한 심령으로 그러한 자를 바로잡고 네 자신을 돌아보아 너도 시험을 받을까 두려워하라."

이 말씀에서 4가지의 구체적인 지침을 찾아볼 수 있습니다.

첫째로, 갈라디아서 6:1은 '형제들' 곧 같은 그리스도인들에게 한 말씀입니다. 다시 말하면, 우리가 책망하거나 권면해 바로잡아야 할 대상은 믿지 않는 사람들이 아닙니다. 우리가 불신자들에게 이야기해 주어야 하는 죄는 그들의 불신입니다. 불의의 행위에 대해서 믿지 않는 자를 책망해야 아무 소용이 없습니다. 그의 행위에 대한 책망에 그가 마음을 열 수 있기 위해서는 먼저 그에게 그리스도가 필요합니다.

둘째로, 이 구절은 범죄한 일이 있는 어떤 사람에 대해서 이야기하고 있습니다. 우리는 어떤 사람을 책망하거나 권면하기 전에 스스로 다음과 같은 질문을 던져 보아야 합니다. '이것은 분명 성경에서 언급하고 있는 금지 사항인가? 이것은 죄인가?'

한번은 아리따운 아가씨가 울면서 내게 왔습니다. 한 친구가 그녀가 입고 있는 옷이 너무 '야하다'며, 그런 옷을 입어서는 안 된다고 하더라는 것이었습니다. 사실 그녀의 화사한 옷차림은 보기에 따라서는 그런 말을 들을 만한 구석이 없잖아 있었습니다. 그녀는 눈물을 떨어뜨리며 말을 이었습니다. "그러나 그 말을 듣고 난 직후, 어떤 사람이 가까이 오더니 뜻밖에도 '야, 참 아름다운 옷인데요!'라고 말하지 뭐겠습니까."

취향이 다르고 삶의 양식이 다른 문제를 가지고 어떤 사람을 훈계하지 않도록 특히 조심해야 됩니다. 우리는 종종 너무나 쉽게 개인적인 특성이나 취향 및 습관들에 대해서 판단하곤 합니다. 성경에서 다루라고 말하고 있는 것은 다름 아닌 죄입니다. 사실 어떻게 보면 확실히 죄라고 볼 수 없는 것들에 대해서까지 판단한다면, 그것이 바로 죄가 될지도 모릅니다.

세 번째로 갈라디아서 6:1에서 찾아볼 수 있는 중요한 사실은 '신령한 너희'라는 말에 있습니다. 이 말은 나를 쉽게 옭아매 버릴 수 있습니다. 누구나 이런 말을 할 수 있습니다. "나 자신이 너무나 문제투성이이기 때문에 나는 어느 누구에게도 지적을 하지 않을 것입니다."

수년 전 몇몇 형제들을 데리고 살 때 있었던 일입니다. 남편 잭은 한 형제에게 뭔가 지적해 주고 싶은 것이 있었습니다. 그러나 남편은 이렇게 말하며 주저하는 것이었습니다. "그 형제는 주님과 함께 보내는 시간에 관한 한 내가 알고 있는 어떤 사람보다도 더 성실한 친구요. 그에게 시계를 맞추어도 될 정도니 말이오. 아침이면 꼭 5시에 일어나 한적한 곳으로 가서 말씀을 보고 기도하는 것으로 하루를 시작하는데 도무지 예외를 찾아보기가 힘들 정도니, 이렇게 나보다 훨씬 더 성실한 형제에게 내가 어떻게 무슨 이야기를 해줄 수가 있겠소?"

남편은 한 경건한 지도자에게 이것에 대해 이야기했습니다. 그랬더니 그는 이렇게 말하는 것이었습니다. "당신의 삶이 모든 면에 완벽해진 다음에야 다른 사람에게 어떤 지적을 해줄 수 있다면, 당신은 평생 가도 아무 이야기를 해줄 수 없을 겁니다."

내 생각에 이 구절이 의미하는 바는, 우리가 하나님과 동행하며, 어떤 죄 가운데 머물러 있지 않으며, 또 하나님의 지도하심을 따라 사랑으로 그 형제에게 나아가며, 말을 할 때도 하나님의 음성에 귀를 기울이며, 할 말과 지혜를 주시도록 기도하기만 한다면, 우리는 신령한 사람으로서 얼마든지 그를 바로잡을 수 있다는 것입니다. 이렇게 하는 것이 하나님께 순종하는 것입니다.

네 번째로 이 구절이 이야기하고 있는 바는 '온유한 심령으로 그러한 자를 바로잡으라'는 것입니다. 그러나 우리는 먼저 스스로 질문해 보아야 합니다. "나는 이 사람을 바로잡아야 할 사람인가?" 다른 형제를 바로잡는 이 책임에 대해서 "예"라고 대답하기 전에 생각해 보아야 할 몇 가지 질문이 더 있습니다. 이 사람은 내게 마음을 열고 있는가? 지금이 올바른 때인가? 이것은 나의 책임인가(교사, 연장자, 또는 지도자로서)? 나의 지위나 교회나 하나님을 통해서 그 책임이 내게 주어진 것인가?

우리는 어떻게 그러한 사람을 온유한 심령으로 바로잡을 수 있습니까? 여기에 하나님께서 주시는 지혜가 꼭 필요합니다. 올바른 말과 은혜스러운 태도와 정죄하지 않는 태도와 상대방의 열린 마음과 올바른 때와 그리고 무엇보다도 사랑을 위해서 기도해야 합니다. 우리가 참으로 사랑을 가지고 있는지 그렇지 않은지는 상대방에게 그대로 전달됩니다. 설사 우리의 말이 다 틀린 것이라 할지라도 사랑으로 하기만 하면, 상대방도 이 사랑에는 어떻게든 반응을 보이게 되어 있습니다. 반면 모든 말이 다 맞지만 사랑이 없는 것도 상대방은 다 알아차리게 되어 있습니다.

분노와 판단하는 마음이 아닌 사랑의 마음을 가지고 그 사람에게 나아가십시오. 먼저 주님 앞에 나가 당신이 할 말을 소리 내어 연습해 본다거나, 배우자나 믿을 만한 친구에게 글로 적어 보여 주며 함께 이야기해 볼 필요도 있을 것입니다. 그 다음에는 가십시오. 이스라엘의 왕 솔로몬은 이렇게 말했습니다. "친구의 통책은 충성에서 말미암은 것이나, 원수의 자주 입맞춤은 거짓에서 난 것이니라"(잠언 27:6). 참된 친구 사이라면, 충성으로 서로를 도와 영적으로 올바른 삶을 살며 성장하고 발전해 나갈 수 있도록 해야 할 것입니다.

전 시대를 통틀어 가장 현명했던 사람이 쓴 책인 잠언에서는 이 주제에 대해서 다음과 같이 이야기합니다. "훈계받기를 싫어하는 자는 자기의 영혼을 경히 여김이라. 견책을 달게 받는 자는 지식을 얻느니라"(15:32).

마지막으로, 갈라디아서 6:1 말씀은 "네 자신을 돌아보아 너도 시험을 받을까 두려워하라"는 경고로 끝을 맺습니다. 우리는 형제의 삶 속에 있는 잘못된 것들을 보고 바로잡아 줄 뿐 아니라, 우리 자신을 잘 돌아보아 그 같은 유혹에 빠지는 일이 없도록 해야 합니다. 우리도 주의하지 않으면 얼마든지 유혹에 빠질 수 있기 때문입니다. 그래서 하나님께서는 "두려워하라"고 말씀하십니다.

때로는 대상에 따라서 분명하게 죄라고 할 수 없는 것들에 대해서도 훈계를 해야 할 필요가 있습니다. 당신 애들의 거친 식사 태도는 죄가 아닙니다. 그렇지만 당신은 그 애들이 올바른 사회생활을 영위하며 좋은 간증을 보일 수 있는 사람으로 자라게 하기 위해서는 그 버릇을 고쳐 주려고 할 것입니다. 또한 친구가 잘못된 말을 사용할 경우 그것을 고쳐 준다거나, 배우자에게 좋지 못한 습관이 있을 경우 그것을 극복하도록 도와줄 수 있습니다.

나는 어떤 자매와 몇 달 동안 함께하며 하나님과 동행하는 삶을 도와주었던 적이 있습니다. 그녀와 이야기를 나누는 데 어려움이 많았는데, 그 까닭은 이야기를 주고받을 때 그녀의 얼굴에는 아무런 표정도 나타나지 않았기 때문입니다. 그녀와 이야기할 때는 언제나 '도대체 이 사람이 내 이야기를 제대로 알아듣고나 있나' 하는 생각 때문에 나는 말을 하면서도 집중이 잘되지 않았습니다. 이로 인한 실망 때문에 나는 달리 어떻게 해보겠다는 생각도 하지 못했습니다.

그녀도 나중에는 몇 사람의 여인들과 함께하며, 그들의 영적인 삶을 돕게 되었습니다. 어느 날 나는 그녀의 무표정한 얼굴이 다른 사람들을 효과적으로 돕는 데 하나의 장애 요인이 되지 않을까 하는 생각이 늘었습니다. 그녀가 돕고 있는 사람들을 알고 있었기 때문에 나는 그들에게 이것에 대해서 물어보았습니다. 그랬더니 그들이 하는 말이 그녀가 자신들을 정말 열정적으로 가르치는 것 같지도 않고 자기들을 정말로 좋아하는 것 같지도 않다는 것이었습니다. 나는 그녀의 마음이 주님과 다른 영혼들을 향한 사랑으로 가득 차 있다는 것을 알고 있었기 때문에, 그녀에게 이야기하기로 생각하고 이에 대해서 기도했습니다.

내가 말씀을 공부하고 기도할 때, 하나님께서는 이야기를 나눌 때 얼굴에 표정이 없는 것이 죄는 아니지만, 우리의 얼굴은 마음을 비추는 거울이 되어야 한다는 사실을 가르치고 지적해 주어야 할 것을 깨우쳐 주셨습니다. "물에 비취이면 얼굴이 서로 같은 것같이 사람의 마음도 서로 비취느니라"(잠언 19:19). 나는 우리의 얼굴 표정이 어떻게 자기의 마음을 비추어 주는지에 대해서 생각해 보았습니다. 그러고 나서 이것을 근거로 해서 이런 면에 그녀의 노력이 필요하다고 말해 주었습니다. 그녀는 내 말을 듣고 나서 얼굴 표정에 신경을 쓰게 되었으며, 우리들의 관계는 더욱더 깊어졌습니다. 그녀는 진정 지혜로운 여인이었습니다.

우리는 솔로몬의 지혜를 가지고 있지 못할지는 모르지만, 우리에게는 지혜의 근원이 되는 그리스도가 계십니다. 그리스도를 알아갈 때 우리는 지혜로워지며, 그 지혜 안에서 책망하고 지적해 줄 수 있을 뿐만 아니라 살아 계시는 하나님 자신은 물론 다른 사람들이 주는 책망과 지적도 잘 받을 수 있게 될 것입니다.

✣ 적용을 위한 성경공부 ✣

1. (가) 당신의 생각에 지혜로운 사람들을 들어 보십시오. 이 사람들의 삶 가운데 **나타나는** 지혜는 어떤 것입니까?
   (나) 이 사람들의 지혜가 어디에서 비롯된다고 생각합니까?
2. (가) 잠언 15:31-33에 의하면, 지혜와 명철은 어떻게 얻어집니까?
   (나) 이 구절을 가지고 몇 분간 기도하십시오.
3. (가) 당신은 근래 언제 다른 사람으로부터 책망을 받았습니까?
   (나) 당신은 그 책망을 어떻게 받았습니까?
   (다) 최근에 당신이 다른 사람(당신의 자녀들은 빼놓고)을 지적한 것은 언제입니까?

(라) 그 사람은 그것을 어떻게 받았습니까?
4. 다음 구절들은 책망과 지적에 대해서 무엇이라고 말합니까?

　　(가) 잠언 9:8-9

　　(나) 잠언 12:15

　　(다) 잠언 15:5

5. (가) 갈라디아서 6:1을 당신 자신의 말로 써보십시오.

　　(나) 이 구절을 적용해야 되는 상황을 한 가지 들어 보십시오.

9. "신경질 나게 왜 그래?"

온유함에 대하여

온유함. 어린아이의 살결처럼 부드럽게 들리는 말입니다. 이 말은 또한 한적한 해변에서 발바닥을 간질이며 구르는 파도의 평화로움을 연상시켜 줍니다.

우리 손녀 써니는 하루가 다르게 무럭무럭 자랐습니다. 오빠 에릭보다는 세 살 아래였지만, 세 살이 가까이 되던 해 크리스마스에 우리 집에 왔을 때, 그 애는 오빠를 졸졸 따라다니며 오빠가 하는 것은 뭐든지 다 같이하려 들었습니다.

하루 종일 들러붙어 못살게 구는 동생에게 시달린 에릭은 마침내 신경질을 내기 시작했습니다. 도무지 못 말리겠다는 시늉으로 한 발을 꽝꽝 구르며, 금방이라도 눈물이 쏟아질 듯한 얼굴로 소리쳤습니다. "써니는 내가 하는 건 뭐든지 다 따라 하면서 못 살게 굴어요!"

사실 써니는 에릭이 하는 건 뭐든지 다 하려고 했는데, 그 애가 하는 행동을 보면 마치 불길에 싸인 집처럼 요란스러워 정신을 못 차릴 지경이었습니다. 써니는 온유함에 대해서 배울 필요가 있었습니다.

단지 써니에게만 그런 필요가 있는 것은 아니었습니다. 사실 오래 전부터 내 마음속 깊이 자리해 온 열망도 바로 이것이었습니다. 나는 조용하고 부드러운 말투를 가진 여인이 되고 싶었습니다. 내 생각에 그런 여인은 친절하고 정숙하며 상냥한 마음씨를 가지고 있어 결코 어색해하거나 불안해하는 적이 없으며, 성을 내어 말하지 않는, 그런 얌전한 여인이었습니다. 그녀는 조지 맥도날드의 책에 등장하는 여주인공과 같은 사람이었습니다. 그녀에 대해서 그는 다음과 같이 묘사했습니다.

그녀는 여전히 옛날과 다름없는 한 마리 작은 고동색 새였습니다. 어쩌다가 한 번씩 볼 수 있는 그녀의 귀한 미소는 감미롭지만 결코 현란하지 않았습니다. 그녀의 분위기는 고요함 그 자체였습니다. 그녀가 가는 곳에는 어디나 평온함이 뒤따랐습니다. 그녀는 아름답지는 않았지만 사랑스러웠습니다. 사람들은 그녀가 있는 자리에 함께 있고 싶어 했습니다.

그것은 내가 마음속으로 그리는 여인상이었습니다. 그러나 실제 나의 모습은 이와는 정반대인 것 같았습니다.
성경을 공부하면서 나는 갈라디아서 5:22-23에 나오는 성령의 열매들이야말로 하나님께서 자녀 된 우리에게 원하시는 성품이라는 것을 깨닫게 되었습니다. 그 성령의 열매 중에 온유가 들어 있습니다. 내 주위의 경건한 여인들에 대해 자세히 관찰해 보고 나서야 나는 외향적이고 수다스러운 여인들 가운데도 고요하고 온유한 심령을 가진 사람이 있다는 것을 발견하고 놀라기도 했지만, 또 얼마나 기뻤는지 모릅니다. 이와는 반대로 조용한 성격을 가진 여자들

중에 오히려 거부적이고 고집이 센 사람들이 있다는 것도 알게 되었습니다. 그래서 마음속으로 안도의 한숨을 내쉬었습니다.

나는 베드로전서 3:3-4을 엉뚱하게 해석하고 있었던 것입니다. "너희 단장은 머리를 꾸미고 금을 차고 아름다운 옷을 입는 외모로 하지 말고, 오직 마음에 숨은 사람을 온유하고 안정(安靜)한 심령의 썩지 아니할 것으로 하라." 온유한 심령은 성격하고는 아무런 관계도 없습니다. 하나님께서는 우리를 각기 다른 다양한 성격을 지닌 존재로 만드셨지만, 우리는 모두 다 하나같이 온유하고 안정한 심령을 가져야 합니다. 우리는 밖으로 떠들썩하면서도 안으로는 얼마든지 조용할 수 있습니다.

주 예수님께서는 "나는 마음이 온유하고 겸손하다"(마태복음 11:29)고 말씀하셨습니다. 그러나 주님께서는 거칠고 충동적인 베드로뿐 아니라, 사랑스러웠던 제자 요한에게도 주님의 이 성품을 배우라고 말씀하셨습니다.

온유에 대한 동의어들이 많은 걸로 볼 때 이것은 어느 한 특성으로 국한시킬 수 없는 것 같습니다. 그 동의어들을 보면 친절함, 상냥함, 온순함, 관용함, 자비로움, 사려 깊음, 부드러움 등을 들 수 있습니다. 그런데 우리는 용감하면서도 친절할 수 있고, 강하면서도 부드러울 수 있으며, 떠들썩하면서도 평온할 수 있으며, 수다스러우면서도 사려 깊을 수 있는 것입니다.

온유함을 요구하는 어떤 특별한 위치와 상황이 있습니다. 예를 들어, 바울은 디모데에게 감독은 관용하며(온유하며) 다투지 아니해야 한다고 말했습니다(디모데전서 3:3). 지도자들의 지도자였던 바울은 데살로니가인들에게 보여 준 온유를 통해서 우리에게 좋은 본이 됩니다. "너희 가운데서 유순한 자 되어 유모가 자기 자녀를 기름과 같이 하였으니"(데살로니가전서 2:7).

그러나 단지 우리가 감독이나 사도 바울과 같은 지도자가 아니라고 해서 온유하지 않아도 되는 것은 아닙니다. 우리는 하나님께 지혜를 구해야 합니다(야고보서 1:5 참조). 온유(관용)는 위로부터 난 지혜의 한 가지입니다(야고보서 3:17 참조). 주님의 종으로서 마땅히 우리는 모든 사람을 대하여 온유해야 합니다(디모데후서 2:24 참조). 디도서 3:2에서는 "범사에 온유함을 모든 사람에게 나타내라"고 했습니다.

아내들, 특히 남편이 구원받지 못한 아내들은 더욱 온유하고 안정한 심령을 가져야 합니다. "아내 된 자들아, 이와 같이 자기 남편에게 순복하라. 이는 혹 도를 순종치 않는 자라도 말로 말미암지 않고 그 아내의 행위로 말미암아 구원을 얻게 하려 함이니"(베드로전서 3:1). 믿지 않는 남편을 주님께 나오게 할 수 있다는 것이 아내들이 온유해야 할 중요한 이유가 됩니다.

때때로 성경에서 온유함과 온순함이 혼용되고 있는 것을 볼 수 있습니다. 그러나 온순함이란 성격과 태도에, 온유함은 다른 사람을 대하는 행동에 더 관련된 의미로 사용되는 말 같습니다. 다시 말해, 온유함이란 온순한 결과로서 나타나는 행위를 지칭하는 말이라고 볼 수 있습니다.

온유한 말이 가져다주는 결과는 참으로 놀랍습니다! 다른 사람들의 마음을 움직이며, 마음의 상처를 치유합니다(잠언 25:15, 16:24 참조). 내게 가장 뚜렷하게 부각되어 오는 진리는 잠언 15:1에 들어 있습니다. "유순한 대답은 분노를 쉽게 하여도 과격한 말은 노를 격동하느니라." 온유함은 효력을 유감없이 발휘합니다. 당신의 동기가 전적으로 잘못되어 있는 경우라 할지라도 그렇습니다.

아버지께서 세상을 뜨신 직후, 나는 어머니와 함께 있으면서 여러 가지 집안일들을 돌봐 드렸습니다. 어느 날 밤에는 내가 전화를 받았는데, 전화를 건 사람이 나를 어머니라고 생각했는지 다짜고짜로 내게 욕설을 퍼부어 대기 시작했습니다. 그 사람의 개가 울타리를 넘어 와서는 어머니의 작은 애완용 개를 심하게 물어 병원에까지 가야 했었습니다. 어머니는 이 사람에게 전화를 걸어 그 사실을 이야기했지만, 그는 그의 개가 물었다는 것을 인정하려고 하지 않았습니다.

그래서 어머니는 경찰에 신고했고, 그 사람은 경찰로부터 울타리를 고치라는 지시를 받았습니다. 그 남자는 화가 나서 어머니에게 수십 번이나 전화를 걸어 호통을 치며 욕설을 퍼부어 댔습니다. 내가 받았던 전화도 바로 그중에 하나였던 것입니다.

나는 그 사람이 고래고래 소리를 지르다가 제풀에 꺾이도록 내버려 두었습니다. 가만 듣고 있자니 나도 화가 치밀어 올랐지만, 잠언 15:1의 말씀을 기억하며 이 말씀대로 따라 보기로 했습니다. 그래서 나는 무척이나 온유하고도 부드러운 목소리로 말했습니다. "그렇게 원통하시다니 참으로 미안합니다, 선생님. 그 밖에 또 말씀하시고 싶은 것이 있습니까?"

나는 그가 놀란 것을 역력히 알 수 있었습니다. 숨을 몰아쉬는 소리가 난 다음 한참이나 아무 소리도 없더니, 꽝하고 수화기를 내려놓는 소리가 났습니다. 그러고 나서 다시는 전화를 하지 않았습니다!

비록 동기는 형편없었지만, 효과는 있었습니다.

보통 우리가 온유하다고 하는 사람들을 잘 관찰해 보면 몇 가지 공통된 특징이 있는 것을 알 수 있습니다. 내가 살펴본 바로는 대개 다음과 같은 것들이 있습니다.

1. 말. 온유한 사람은 결코 소리를 지르지 않습니다! 유순한 대답이 분노를 쉬게 하는 것은 말투가 거슬리지 않고 부드러운 데도 이유가 있을 것입니다. 어려운 상황에 이 같은 온유함을 발휘하기 위해서는 특별한 자제력을 하나님께 구해야 할 필요가 있는 사람들도 있을 것입니다.

2. 표정. 찡그린 얼굴, 치켜뜬 눈썹, 퉁명스런 말투. 이 모든 것은 다 온유함이 결핍되어 있다는 것을 말해 줍니다.

3. 예의. 온유한 사람은 친절하며, 관대하며, 이해심이 많으며, 자신의 감정보다는 다른 사람의 감정을 먼저 생각하여 주는 사람입니다.

4. 태도. 온유한 사람은 편협하거나 완고하지 않으며 독선적이지 않습니다.

온유함은 이처럼 어떤 한 가지 훌륭한 속성으로 용해될 수 없는 여러 가지 특성을 지니고 있습니다. 온유함의 각 특성들은 무지개처럼 각기 자기 색깔들을 가지고 있습니다.

온유함은
강하면서도 부드럽고,
힘있으면서 섬세하고,
단호하면서 인자합니다.
온유함은
요란하지 않고 은은하며,
소리치지 않고 속삭이며,
부산하지 않고 차분하며,

경직되지 않고 유연하며,
오만하지 않고 공손하며,
요구하지 않고 내어주며,
쌀쌀맞지 않고 따뜻하며,
험상궂지 않고 상냥하며,
시끄럽지 않고 조용합니다.

인생의 수많은 역경들은 우리 안에 온유함을 새기시기 위해 하나님께서 사용하시는 끌이라는 생각이 듭니다. 한 사랑하는 친구가 고통 가운데 있을 때, 내가 썼던 글이 있습니다.

그녀에게 닥친 모든 고초들로
그녀를 닦고 온전케 하사
주님 닮은
더욱 아름다운 사람 되게 하소서.
고통의 잔모래들이
거침돌 되지 않고
오히려 윤을 내게 하소서.
그녀가 자신의 힘으로써
그 역경을 헤쳐 나가려고 하기보다는
주님께 맡김으로
자신의 영혼을 다듬질하게 하소서.
고통으로 말미암아
두꺼운 자기 벽을 쌓거나
쓴 뿌리를 내지 않고,

온유하고 유순하지만
주님의 능력으로 강하게 하소서.
완고하고 거친 사람 되지 않고
상냥하고 가르침을 잘 받는 사람 되게 하소서.

온유함이란 선택 사항이 아닙니다. 하나님의 명령입니다. 그것은 우리 안에 거하시는 성령의 열매입니다. 우리는 성령을 통해서 우리 안에 주님의 온유함을 이루어 주시도록 기도해야 합니다.

삶 가운데 온유함이란 별로 찾아볼 수 없는 나 같은 사람에게 이 말은 요원하게만 들립니다. 그러나 여러분, 이 사실을 잊지 마시기 바랍니다. 경건한 여인이란 다름 아닌 참으로 하나님을 하나님 되게 하는 삶에 점점 자라 가는 죄인이라는 사실입니다. 그런 사람은 자신의 부정적인 모습들을 비판하지 않고 있는 그대로 받아들입니다. 그는 자기가 질그릇이며(고린도후서 4:7), 각 그릇은 각기 다른 기능을 가지고 있지만, 그리스도라고 하는 보배를 담고 있다는 것을 알고 있습니다.

당신은 그것을 알았습니까? 그리스도께서 우리 안에 계십니다. 물론 우리는 부족합니다. 사실 우리는 그리스도를 담을 만한, 또 담을 수 있는 그릇이 되지 못합니다. 계속해서 우리는 과거에 우리가 생각했던 것보다도 형편없는 존재라는 사실을 깨달아 갈 뿐 아니라, 또한 그러한 우리지만 하나님의 눈으로 보면 완전하다는 것을 깨달아 가게 됩니다. 하나님께서 그의 아들을 죄 있는 사람의 형상으로 보내사 우리를 위한 화목제가 되게 하심으로써, 우리의 의를 위한 하나님의 모든 요구 조건들을 다 만족시켜 주셨습니다(로마서 8:4 참조). 우리는 예수 그리스도의 의로 옷 입고 있기 때문에 하나님께서는 우리를 완전하다고 보시는 것입니다.

그리스도 때문에 하나님께서는 바로 지금도 우리를 무조건적으로 사랑하십니다. 우리가 어떤 것을 하느냐 하지 않느냐에 상관없이 하나님께서는 바로 지금 이 순간 우리를 지극히 사랑하고 계시는 것입니다. 우리가 무엇을 주고 하나님의 사랑을 획득할 수는 없습니다. 하나님의 사랑은 우리에게 거저 주어집니다. 또 우리는 하나님의 귀한 자녀들이기 때문에 하나님께서는 우리를 예수님과 같이 만들기를 원하십니다. 하나님께서는 우리가 온유함을 배워 나가는 과정에 관여하십니다.

이것을 잊지 마시기 바랍니다! 우리가 온유함이 모자라는 것은 우리의 문제일 뿐 아니라 또한 하나님의 관심사입니다. 따라서 하나님을 의뢰하면 하나님께서 도와주십니다.

나는 요즈음 허드슨 테일러에 대한 책을 읽고 있습니다. 여기에서 허드슨 테일러는 우리 삶의 변화, 곧 우리 안에 계신 그리스도의 생명으로 우리의 삶을 변화시키는 것에 관해 이야기하고 있습니다. 그가 발견했던 것은, 신실해지려고 노력하기보다는 *신실하신 분을 바라보고 의뢰할 때 신실하게 된다*는 것이었습니다. 온유함도 마찬가지입니다. 온유해지려고 노력한다고 해서 온유해지는 것이 아니라, 온유하신 구주를 바라볼 때, 곧 그분을 깊고 친밀하게 알아 나갈 때 온유하게 됩니다. 온유함은 주님의 얼굴을 바라봄으로써 점점 더 그분을 닮아 나가는 데 있습니다. 주님을 묵상할 때 성령께서 우리 안에 온유함을 이루어 주실 것입니다.

써니는 물론 여러분과 내게도 그렇게 하실 것입니다.

❋ 적용을 위한 성경공부 ❋

1. 당신은 온유란 말을 어떻게 정의하겠습니까?
2. (가) 베드로전서 3:3-4을 소리 내어 읽으십시오. 온유하고 안정한 심령이란 말을 들을 때 당신의 마음에 떠오르는 사람은 누구입니까?
   (나) 그 사람에 대해서 당신은 또 어떻게 달리 묘사할 수 있겠습니까?
   (다) 당신은 당신의 심령을 어떻게 묘사하겠습니까? 그 이유는 무엇입니까?
   (라) 더 온유해지기 위해서 당신은 어떻게 해야 된다고 생각합니까?
3. (가) 디모데후서 2:24을 당신 자신의 말로 쓰십시오.
   (나) 이 말씀은 누구에게 해당되는 말씀입니까?
   (다) 아래 사람들에게 당신은 어떻게 온유함을 나타낼 수 있습니까?
   배우자
   자녀
   친구들
   당신과 불화 가운데 있는 사람들
4. 몇 분 동안 하나님께 온유한 성품을 계발할 수 있는 방법을 보여 주시길 간구하십시오. 그러고 나서 그 가운데 이번 주에 실천 가능한 방법을 두 가지 골라 보십시오.

10. 찬미의 제사

어느 해 여름 그때까지 살아오면서 가장 실망이 되었던 일이 한 가지 일어났습니다. 남편과 나는 영국에서 열린 어떤 수양회에 참석하고 있었습니다. 그때 우리는 결혼 32주년을 맞아 두 주간 동안 영국의 남부 지방을 여행할 계획을 세워 놓고 있었습니다. 여러 해 전부터 우리는 딸 및 사위와 해외에서 함께 휴가를 보낼 수 있기를 위해서 기도해 왔었는데, 그때가 절호의 기회라고 여겨졌습니다. 그래서 우리는 기도했고, 재정적인 면이나 시간적인 면에 있어 서로 척척 들어맞아 마치 하나님께서 그 길을 예비해 주시는 것 같았습니다. 남편과 나는 시간 가는 줄도 모르고 지도를 들여다보고 관광 안내서도 들춰 보면서 완벽한 계획을 세웠습니다. 마침내 우리는 딸 부부가 도착하기만을 손꼽아 기다리게 되었습니다.

그들이 타고 올 비행기를 마중하러 자동차로 버밍엄으로 가기 이틀 전, 딸 린에게서 전화가 왔습니다. 자기 남편이 신장 결석으로 염증이 생겨 수술을 받아야 하며, 따라서 몇 주간은 움직일 수 없게 되었다는 것이었습니다. 우리의 꿈과 계획은 산산조각이 나버렸습니다.

나는 수양회관 안에 있는 커다란 욕조에 들어앉아 얼마나 많은 눈물을 흘렸는지 모릅니다. 그러나 나는 흐느끼면서도 이렇게 기도했습니다. "주님을 찬양하겠습니다. 이해를 할 수는 없습니다. 이것이 합당하다거나 선하다거나 좋게 여겨지지는 않습니다. 그러나 저는 주님을 찬양하겠습니다." 얼굴에는 눈물과 물이 뒤범벅 된 채 나는 찬송했습니다. "주님께 찬양 드리세. 주님께 찬양 드리세."

갈수록 나에게 점점 더 분명해지는 확신은 다른 사람들에게 그리스도를 알리는 것이 우리가 이 세상에서 할 수 있는 가장 중요한 일은 아니라는 것입니다. 굶주린 자들을 먹이는 것이나 사람들로 하여금 하나님과 보다 깊은 관계를 가질 수 있도록 돕는 것도 물론 가장 중요한 일은 아닙니다. 이 모든 것들은 다 중요하며 하나님께서 명하신 바입니다.

그러나 무엇보다도 하나님을 기쁘게 해드리는 일은, 보는 사람은 아무도 없지만, 매일 오직 하나님만을 위해 찬미의 제사를 드리며 감사로 하나님의 전에 나아가는 것임을 점점 더 확신하게 됩니다.

성경은 우리에게 마음과 뜻과 정성과 힘을 다하여 주 하나님을 사랑하라고 말합니다. 그러나 대부분 우리는 한꺼번에 이 네 가지를 다 동원하기는 힘든 것 같습니다. 그 6월 어느 날 저녁 욕조 안에서 나는 마음을 다하여 하나님을 찬양한 것은 아니었습니다. 내 감정이 의지와 일치하기까지는 여러 주일이 걸렸습니다. 그러나 나는 뜻과 정성을 다하여 하나님을 찬양했으며, 그렇게 하기 위해서는 나의 모든 힘을 동원해야 했습니다.

우리의 삶에서 기쁨이 절로 샘솟을 때, 우리는 마음과 뜻과 정성을 다하여 하나님을 찬양하는데, 그렇게 하는 데는 별다른 힘이 들지 않습니다. 그러나 상황이 그렇지 못해 감정이 뒤따르지 못할 때,

하나님을 찬양하기 위해서는 우리의 모든 힘을 다 들여야 합니다. 그리고 오랜 시간이 지난 뒤까지도 여전히 마음은 뒤처져 있는 경우가 종종 있습니다.

주님의 보좌 앞에 서게 되는 날, 나는 하나님께서 "캐롤, 성경공부 인도며, 책을 써서 말씀을 전한 일이며, 다른 사람을 위해 봉사한 일 등등이 참으로 고맙다"라고 말씀하실 것이라고 생각지 않습니다. 그보다는 오히려, "아니, 그건 공평하지 못합니다! 주님께서는 제가 원하는 대로는 해주시지 않는군요"라고 불만과 불평을 토하고 싶었지만, 그렇게 하지 않고 "주님을 찬양합니다. 이해가 잘되지는 않지만 어쨌든 감사합니다. 주님을 사랑합니다"라고 말했던 순간들, 나의 삶 가운데 잘 드러나지 않은 일들을 들추어내시며, "잘하였도다. 착하고 충성된 종아"라고 말씀하실 것이라고 생각합니다.

히브리서 13:15에서 찬미의 제사는 입술의 열매라고 말하고 있습니다. 이것은 우리 그리스도인들이 하나님께 드릴 수 있는 감미롭고 달콤한 열매입니다. 그것은 실제로 우리가 아버지를 위해서 해 드릴 수 있는 것이며, 하나님을 기쁘시게 해드리는 것입니다.

우리의 입이 더럽고 추한 말이 아니라 순간순간 마음속에서 솟아나는 찬양으로 가득 찰 수 있기를 기도합니다. 그렇게 될 때 우리의 말은 살아 계시는 사랑의 하나님께 드리는 제사가 될 것입니다.

❋ 적용을 위한 성경공부 ❋

1. 히브리서 13:1-16을 소리 내어 천천히 읽으십시오. 15절을 당신 자신의 말로 쓰십시오.

2. 7-14절의 주된 내용을 한두 문장으로 쓰십시오.
3. (가) 16절의 내용을 간단히 요약하십시오.
    (나) 찬양에 관련된 성경 구절들을 두세 개 찾아보고 옮겨 적으십시오.
    (다) 히브리서 13:16을 보고 떠오르는 의문점을 기록하십시오.
    (라) 하나님께서는 이 구절을 당신의 삶에 어떻게 적용하기를 원하신다고 생각합니까? 구체적으로 기록하십시오.
    (이 같은 방법으로 다른 구절들에 대해서도 생각해 볼 수 있습니다. 그러나 당신이 암송하기 원하는 구절을 가지고 해보면 더욱 뜻있는 적용이 될 것입니다.)

공부를 계속해 나갈 때 하나님께서 당신을 크게 축복하셔서 진보가 있기를 바랍니다. 여러분이나 나 우리의 지체 중에서 가장 다루기 힘든 혀에 대해서 하나님이 가르쳐 주시는 진리들을 배워 나가는 일에 끊임없는 진보가 있기를 기도합니다.

본 출판사의 서면 허락 없이는 본서의 전부 또는
일부의 무단 복제, 또는 원문에 대한 무단 번역을 금합니다.

말 : 덕이 되는 말, 해가 되는 말

초판　1쇄 발행 : 1988년 3월 28일
3판　1쇄 발행 : 2006년 8월 25일
3판 12쇄 발행 : 2024년 2월　1일

펴낸곳 : 네비게이토 출판사 ⓒ
주소 : 03784 서울시 서대문구 연희로 16 (창천동)
전화 : 334-3305(대표), 334-3037(주문), FAX : 334-3119
홈페이지　http://navpress.co.kr
출판등록 : 제10-111호(1973년 3월 12일)

ISBN 978-89-375-0300-9　03230